KB117455

자율조직

일하는 방식의 변화를 꿈꾸는
기업들을 위한 메시지

자율조직

신경수 지음

21세기북스

이 글을 쓰게 된 계기는 올봄에 걸려온 전화 한 통에서 비롯되었다. 코로나가 한창 기승을 부리던 2020년 5월의 어느 날, 일본에서 생활할 때 친하게 지냈던 친구로부터 전화가 걸려왔다. "나 지금 인도로 가는 중이다. 카레의 본고장 인도에서 멋지게 한판 승부를 걸어볼 생각이다. 오랫동안 꿈꿔왔던 일이다. 건투를 빌어주기 바란다"라는 내용의 전화였다. 짧은 순간에 두 가지 생각이 머리를 스치고 지나갔다. '이 코로나 시국에 갑자기 웬 인도?' 그리고 든 생각… '카레는 인도가 본고장 아닌가?'

이 친구는 일본의 대형 카레전문점 '코코이찌방야^{CoCo壱番屋}'라는 회사의 해외영업부에서 일하고 있는 친구다. 도쿄에 가면 무슨 일이 있어도 만나는 친한 친구인데, 만날 때마다 이 친구가 하는 말이 있었다. "카레의 본고장 인도에서 일본 카레의 우수성을 알리고 싶다"는 소망이었다. 그럴 때마다 나는 그의 기를 팍 죽이곤 했다. "인도에서 영업을 하고 있는 우동집이 도쿄에 가게를 차리는 것과 같다. 너 같으면 와서 먹겠냐?" 그럴 때면 그 친구가 하는 말이 있었다. "Follow Your Heart." 그와 나는 일본리쿠르트라는 회사에서 같이 일했었다. 당시 우리가 일했던 회사의 슬로건이 'Follow Your Heart'였다.

나는 오랜 시간 일본리쿠르트에서 일했다. 일본리쿠르트는 크게 두 가지 사업 모델을 축으로 하고 있는 회사다. 기업들 대상으로는 인재 파견이나 채용 정보의 제공 및 조직 성장에 필요한 각종 HR 서비스를 제공했고, 개인들 대상으로는 결혼·외식·부동산 등과 같은 생활 속에서 필요한 정보 제공을 주력으로 하고 있었다. 총 100여 개에 이르는 계열사 중에서 그 친구와 나는 RMS^{Recruit Management Solution}라는 회사에 소속되어 일했으며 우리의 주요 미션은 고객사의 '조직 활성화'였다. '조직 활성화'의 실현을 위해 우리가 제공했던 서비스는 직원들을 움직이게끔 유도하는 제도 설계와 교육이었다.

2020년 3월 발표한 결산 보고서에 따르면 일본리쿠르트는 총 2조 4,000억 엔(약 26조 원)의 매출을 달성했다고 한다. 제조가 아닌 순수한 서비스만으로 이만한 실적을 내는 건 전무후무한 일이어서 일본 내에서도 경이적인 기록으로 평가를 받는다. 뜨거운 관심과 함께 많은 사람이 "당신들을 움직이는 힘의 비밀은 무엇인가?" 하고 질문해올 때가 많았다. 그러면 우리는 항상 이렇게 답했다. "Follow Your Heart'의 문화입니다."

일본리쿠르트처럼 직원들의 동기부여를 매우 중요하게 생각하는 회사를 얼마 전 우연히 발견했다. 넷플릭스라는 회사다. 넷플릭스의 창업자 리드 헤이스팅스^{Reed Hastings}의 《규칙 없음》이라는 책을 읽으면서 넷플릭스와 리쿠르트의 기업 문화가 상당히 닮았다는 생각을 하게 되었다.

두 회사의 공통된 기업 문화를 말하기 전에 넷플릭스에 대한 소개를 잠깐 해보기로 한다. 이름은 들어서 알고 있었지만 크게 관심을 두지 않았던 넷플릭스에 대해 관심을 갖기 시작한 건, 지난 3월에 보도된 언론 기사를 접하고 난 이후다. 개봉 예정이던 〈사냥의 시간〉이라는 영화가 극장을 거치지 않고 넷플릭스로 바로 간다는 내용의 기사였다. 넷플릭스가 투자하여 처음부터 자체 서비스로 방송이 된 드라마는 이전에도 몇 개 있었다. 하지만 이처럼 극장용으로 만든 영화가, 심지어 베를린 영화제에 초청까지 받은 영화가 극장을 건너뛰고 바로 TV로 간 적은 없었기에 어떻게 이런 엄청난 의사 결정이 이루어졌나 하는 궁금증이 일었던 것이다.

언론 보도에 따르면, 판권을 포함한 모든 계약의 주체는 한국지사의 담당자였다고 한다. 담당자는 "영화를 보고 이건 세계시장에서도 통하겠구나, 하는 생각이 들었어요. 가슴이 뛰기 시작했지요. 그래서 바로 계약을 추진하게 되었어요"라고 말했다. 나도 외국 법인의 대표로 10여 년 넘게 일한 적이 있었지만, 이 정도 이슈에 이 정도 금액은 절대 로컬에서 함부로 결정할 수가 없다. 그런데 넷플릭스는 이런 의사결정을 담당자 선에서 하는 걸 너무 당연하게 여기고 있었다.

이런 풍토에서 나온 힘이었을까? 2019년 넷플릭스의 매출은 201억 달러(약 23조 원)에 이른다. 아직 실적 발표는 하지 않았으나 2020년은 코로나의 영향으로 넷플릭스에 사상 최대의 실적을 안겨줄 것이라고 전문가들은 예측하고 있다. 이를 반영하듯 최근 골드만삭스는 넷플릭스의 주가를 전년도 350달러에서 2배가량 더 높은 625달러로 상향 조정했다. 또한 넷플릭스를 향후 시장을 주도할 '성장주 21개 종목'에 포함시키기도 했다. 넷플릭스가 기업공개를 하던 당시 1달러였던 주가가 625달러가 된 것이다. 다른 기업과 비교하자면, 18년 만에 625배 성장한 것이다.

나는 글의 서두에 "내가 일했던 리쿠르트와 넷플릭스의 문화에는 공통점이 있다"라고 말했다. 그렇다면 그 공통점은 무엇인지에 대해 말할 때가 된 것 같다. 두 가지가 있다. 첫째는 '자율'이고, 두 번째는 '피드백'이다.

넷플릭스의 헤이스팅스 회장은 "어떤 일을 어떻게 할지는 알아서 결정한다. 윗사람의 승인을 받을 필요도 없다"라는 말을 계속했다. 그는 책에서 "여러 번의 시행착오를 거치면서 사람의 심리에 대한 큰 깨달음을 얻게 되었다. 스스로 내린 판단을 실행에 옮길 때 더 많은 자유를 찾게 되고, 직원들은 좀 더 나은 결정을 내리게 된다. 그러면 상황에 더욱 기민하게 대처할 수 있고 더 즐겁고 의욕적인 분위기가 되어 민첩한 조직이 된다. 스스로 의지를 불태우게 만드는 것이 중요하다"라고 말했다.

내가 일했던 리쿠르트도 같은 문화를 가지고 있다. 우리는 이것을 데아게^{手上げ, 손을 들다} 문화라고 불렀는데, 거기에는 크게 두 가지 종류가 있다. 첫째는 회사에서 추진하는 과제에 대한 수행이다. 과제가 형성되고 현장에서 실행으로 옮겨지는 상황이 되면 부서별로 다음과 같은 공지가 내려간다. "해보고 싶은 사람은 지원하세요." 두 번째는 어떤 것을 과제로 할지에 대한 테마의 결정이다. "한번 해보고 싶은 일이 있다면 기획서를 제출하고 시도해보세요"라는 지시였다. 이렇게 제출한 기획서가 승인이 되면 1년간 그 일에만 매달릴 수 있다. 이런 문화를 통해 사내 벤처를 만들고 독립하여 자스닥(한국의 코스닥과 같은 주식시장)에 상장한 회사의 수만 해도 30개가 넘는다.

여기서 두 회사가 말하고 있는 '자율'이라는 단어에 대해 한번 생각해보자. "스스로 알아서 하라"는 말은, 일에 대한 열정과 의지를 알아서 불태우라는 말이다. 이는 마음에서 우러나오는 자발성이 없으면 절대 불가능하다. 40년간 인간 행동의 동기 연구에 전념해온 에드워드 데시^{Edward Deci} 교수는 《마음의 작동법》에서 이렇게 말했다. "무엇이 당신을 움직이는가? 당근과 채찍이 사람의 행동을 결정하던 시대는 갔다. 돈처럼 외부에서 주입된 동기보다 스스로 하는 동기부여가 창의성과 책임감, 건전한 행동을 낳고 지속적인 변화를 가져온다."

두 번째의 공통점은 '피드백'이다. 넷플릭스의 헤이스팅스 회장은 "재능 있는 직원들이 피드백을 습관처럼 서로 주고받게 되면 일을 더 잘하게 되고 동시에 서로 책임질 수 있는 행동을 하게 되어 통제는 크게 필요하지 않게 된다. 우리가 규칙 없는 조직 운영이 가능한 이유는 피드백 덕분이다. 자율이 방종이 되지 않기 위해서는 누군가를 의식해야 하는데, 그 의식의 대상이 같이 일하는 동료들이다. 피드백 문화가 자율과 성장을 촉진하고 있다"라고 말했다. 나는 이 말에 전적으로 동감한다. 피드백 문화는 나를 성장시키고 동료를 성장시키는 보약과도 같은 역할을 한다고 생각한다.

리쿠르트는 모든 직원들이 주기적으로 360도 다면 평가를 받아야 한다. 위로부터의 평가는 다른 기업들도 많이 하는 평가 방식이다. 하지만 아래로부터의 평가는 정착시키기가 쉽지 않다. '같이 일하는 동료가 나를 가장 잘 안다'는 슬로건으로 주기적인 피드백 평가를 받게끔 한다. 그리고 거기서 나온 결과에 대해 거부감 없이 이야기하도록 한다. 장점은 그냥 내버려두어도 장점이다. 하지만 단점은 누군가의 지적이 없으면 평생 모르는 채로 살아야 한다. 비록 받아들일 때는 다소 불편하더라도 돌이켜 생각해보면 이런 피드백을 통해서 우리는 항상 성장해왔다는 생각이 든다. 몸에 좋은 약이 쓴 법이다.

나는 이 글을 쓰게 된 동기가 '친구의 전화 한 통'이라고 말했다. 가슴 뛰는 일을 하기 위해 인도로 떠나는 친구의 목소리는 나에게 동기부여의 힘이 얼마나 무서운 것인지를 새삼 일깨워주었다. 그러나 조직은 하고 싶은 일만 하면서 지낼 수 있는 곳이 아니다. 조직의 이익에 도움이 되는 일을 해야 한다. 그런데 무엇이 조직에 도움이 되고, 무엇이 조직의 이익에 반하는지에 대한 판단 능력은 주변의 피드백에 의해서 쌓이게 된다. 이런 과정을 거쳐서 '자율조직'이 완성되는 것이지 책임과 권한만 준다고 만들어지는 것은 아니다.

　글의 구성은 현장에서 일하면서 알게 된 사람들로부터 받은 질문에 대해 답을 하는 형식으로 꾸며보았다. 이 글을 읽으면서 자율조직 구축을 위해 필요한 각자의 인사이트가 생기면 좋겠다. 여기서 얻은 지혜를 통해 모티베이션이 충만한 조직들이 많이 생기면 좋겠다. 혹시나 이 글을 읽고 누군가가 '큰 도움이 되었다'는 메일 하나라도 보내준다면 글의 단초를 제공한 친구에게도 큰 동기부여가 될 것이다.

2021년 3월

서울 삼성동 사무실에서

차례

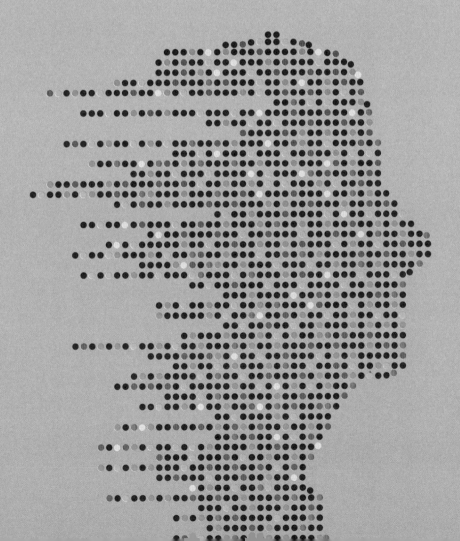

1장

인간의 이중성

1
사람은 머리가 아닌
가슴으로 움직이는 동물이다

Question

화학제품을 만드는 제조회사다. 얼마 전에 지방에 위치한 공장에서 사고가 나면서 공장장을 비롯한 간부들이 징계를 받는 일이 발생했다. 그러자 공장에서 생활하던 직원들이 상경해 징계는 지역 사정을 모르고 내린 결정이라며 크게 반발하고 있는 상황이다. 경영진은 공장 직원들의 행동을 집단 이기주의라고 말하면서 징계 범위를 넓힐 것을 요구하고 있다. 그러나 현장의 사정을 아는 나의 생각은 조금 다르다. 이 문제를 원만히 해결할 수 있는 좋은 방법이 없을까?

"눈에서 멀어지면 마음에서도 멀어진다"라는 속담이 있다. 현장에 있지 않으면 여러 가지 오해가 생기는 것은 당연한 일이다. 그래서 위에 있는 사람들은 현장에 자주 내려가서 그곳 사정도 파악하고 그곳에서 일하는 사람들의 생각도 들어보는 일이 매우 중요하다. 자칫 이런 것들을 무시하고 머리로만 인사시책을 만들고 집행하게 된다면 현장 사람들의 마음을 얻기 어려운 상황이 여럿 발생할 것이다. 사람은 절대 머리로 움직이는 동물이 아니라는 생각으로 조직 관리에 임하는 것이 현명할 것이다.

회사의 중요한 정책을 결정할 때는 크게 두 가지 관점에서 깊게 생각해보는 것이 좋다. 첫째는 시간적인 관점이고, 둘째는 거리적인 관점이다. 시간적인 관점이란, 이 문제를 단기적으로 접근해야 하는가, 아니면 중장기적 관점에서 접근해야 하는가의 의미이다. 두 번째로 거리적인 관점이란, 우리 주변에 가깝게 관여된 문제인가? 아니면 나와는 좀 멀리 떨어진 거리에 있는 사람들이 관여된 문제인가를 의미한다. 이런 현상을 철학적 관점에서 접근하여 사람들의 이목을 집중시킨 책이 있다. 우리에게는 너무나 유명한 《정의란 무엇인가》이다. 저자는 우리나라에 여러 번 다녀간 적이 있는 미국 하버드대 정치학과의 마이클 샌델[Michael Sandel] 교수다.

트롤리 딜레마, 당신의 선택

공전의 히트를 기록한 《정의란 무엇인가》라는 책에 언급되면서 유명세를 탄 심리실험이 하나 있다. 트롤리 딜레마[trolley dilemma]라는 이름을 가진 실험이다. 샌델 교수가 하버드대 학생들을 상대로 강의하는 모습을 보면 유머러스한 표정과 제스처를 섞어가며 학생들에게 이 문제를 던지는데, 학생들이 스스로 답을 찾아나가는 과정이 참 인상적이다. 여기에 등장하는 트롤리 딜레마는 두 가지의 실험으로 구성되어 있다. 우선 첫 번째는 영국의 윤리철학자인 필리파 푸트[Philippa R. Foot]가 만든 실험이고, 두 번째는 미국의 도덕철학자인 주디스 톰슨[Judith J. Thomson]이 만든 실험이다.

첫 번째 실험 브레이크가 고장 난 트롤리 기차가 달리고 있다. 레일 위에는 5명의 인부가 일하고 있는데, 트롤리가 이대로 달린다면 5명은 반드시 죽게 될 것이다. 방법은 단 하나 레일 변환기로 트롤리의 방향을 바꾸는 것뿐이다. 그런데 다른 레일 위에는 1명의 인부가 있다. 당신은 트롤리의 방향을 바꾸겠는가? 그대로 두면 5명이 죽고, 레일을 바꾸면 1명이 죽고, 어느 쪽을 선택하겠는가?

두 번째 실험 앞의 실험에 추가하여 만든 것이다. 당신은 육교 위에서 트롤리가 달리는 모습을 지켜보고 있다. 브레이크가 고장 난 트롤리는 5명의 인부를 향해 달리고 있다. 무거운 것을 떨어뜨려 트롤리를 멈춰야 하는데 육교에는 뚱뚱한 사람 1명이 있다. 당신은 몸무게가 적어 육교에서 떨어져도 트롤리를 멈출 수 없고, 뚱뚱한 사람을 떠밀 경우 확실히 트롤리를 멈출 수 있다. 그렇다면 뚱뚱한 사람을 육교 아래로 떨어뜨려야 할까? 그냥 이대로 있으면 5명의 인부가 죽는다. 그러나 그 뚱뚱한 사람을 떨어뜨리면 5명을 살리는 대신 그 사람이 죽는다. 어찌할 것인가?

사람들의 반응 첫 번째 실험의 경우는 응답자의 89퍼센트가 "방향을 바꾸어야 한다"라고 응답했다. 두 번째 실험의 경우는 응답자들의 78퍼센트가 "뚱뚱한 사람을 육교 아래로 밀어서는 안 된다"라고 응답했다. 두 가지의 트롤리 문제는 언뜻 보기에는 '소수를 희생해서 다수를 구할 것인가?'를 묻는 것처럼 보인다. 하지만 응답자들은 두 가지 문제에 대해 서로 다른 판단을 내리고 있다. 언뜻 비슷해 보이는 문제에 왜 많은 응답자가 다르게 반응하는 것일까? 이유는 간단하다. 첫 번째 문제는 5명의 인부를 죽게 내버려두지 않는 것에 초점이 맞춰져 있지만, 두 번째 문제는 1명의 뚱뚱한 사람을 죽이는 것에 초점이 맞춰져 있기 때문이다.

왜 트롤리 딜레마가 생기는지에 관한 명확한 이유는 없다. 다만 위의 두 딜레마 상황에서 활성화되는 뇌 부위가 상이하다는 점에서 큰 시사점을 얻을 수 있다. 트롤리의 실험에서는 뇌의 이성적 판단을 담당하는 신경계가 활성화되는 것이 눈에 띄었고, 육교의 실험에서는 뇌의 정서적 판단을 담당하는 신경계의 활성화가 두드러진 것으로 나타난다.

딜레마 상황에서 결정할 때는 옳고 그름의 판단과는 별개로 뇌의 이성적 판단 중추와 정서적 판단 중추 중 어느 쪽이 더 활성화되느냐가 중요하게 작용한다. 첫 번째 경우를 보자. 1명의 인부가 되었든, 5명의 인부가 되었든 그들 모두 나하고는 일면식도 없는 사람들이다. 위치도 똑같은 거리를 두고 떨어져 있다. 당연히 이성적인 판단 중추가 활성화될 수밖에 없다. 이성적인 사고에 의해서 5명보다는 1명이 죽는 것이 낫다고 판단을 내린 것이다.

두 번째 경우는 바로 옆에 있는 뚱뚱한 사람에 대한 해석이다. 위치도 바로 옆에 있을 뿐만 아니라 원거리에서 일을 하고 있는 5명의 인부들에 비해 얼굴도 익숙해진 상태다. 이런 상황에서 그를 떨어뜨려 죽음으로 내모는 일은 윤리적으로 용납이 되지 않는다. 이성적으로는 1명을 떨어뜨려 5명을 살려야 하지만, 정서적 판단이 더 큰 작용을 하기 때문에 그를 떨어뜨릴 수가 없는 것이다.

이국종 교수의 하소연

너무 추상적인 듯하여 우리 주변에서 벌어지고 있는 몇 가지 사례를 들어 설명을 이어가도록 하겠다. '아덴만의 영웅'이라는 아주대학교 외상센터의 이국종 교수를 잘 알 것이다. 이분이 근무하고 있는 곳이 수원시 영통구에 있는 아주대병원이다. 언론에 비친 아주대병원은 참으로 훌륭한 병원이다. 의사로서의 소명 의식을 가지고 24시간 1년 365일 불철주야 의료 활동을 전개하고 있는 이국종 교수를 포함해 멋있는 의료진이 일하고 있으니까. 더군다나 이런 의료진들의 활동으로 평소 의료의 손길이 닿기 어려운 지역에 있는 사람들이 혜택을 받고 있으니 참으로 감사할 일이다. 사람들은 이렇게 생각할 것이다. 아주대 병원 근처에 사는 사람들은 지역적 자부심도 매우 높을 것이라고. 그런데 정말 그럴까?

내가 사는 곳은 아주대병원에서 20분 정도 거리에 있다. 종합병원에 가야 할 일이 있으면 항상 찾는 곳이 아주대병원이다. 아니 예전에는 그랬다. 그러나 지금은 다른 병원에 간다. 이유는 이국종 교수가 운영하고 있는 닥터 헬기의 소음이 너무 심해서 불편하기 때문이다. 경험하지 않은 사람은 모르겠지만 헬기의 소음은 생각보다 심하다. 반경 50미터 안에 있는 사람들이 서로 간에 대화하는 소리가 들리지 않을 정도다. 이런 상황에서 굳이 아주대병원까지 갈 이유가 없는 것이다.

가끔 가는 나도 이런 불편함을 느끼는데, 그곳 근처에서 거주하고 있는 사람들은 어떤 심경이겠는가? 오죽하면 소음 때문에 시끄럽다고 헬기 운항을 줄여달라는 민원이 쇄도하겠는가? 이국종 교수도 어느 언론과의 인터뷰에서 "지역 주민들의 민원 때문에 스트레스를 받는다"라고 말했을 정도로 지역 주민들의 불만의 목소리가 끊이지 않는 상황이다. 하지만 사람들에게 이런 말을 하면 이렇게 대답한다. "아니, 그런 훌륭한 일을 하는 분을 그런 사소한 일로 괴롭히면 되겠습니까?"

사례 하나가 또 있다. 혹시 2017년 9월 6일 주요 일간지 1면을 장식한 기사가 무엇인지 기억하시는 분? 학부모로 보이는 사람들이 의자에 앉아 있는 사람들을 향해서 무릎을 꿇고 흐느끼는 장면이 모든 언론의 헤드라인을 장식했다. 그 이전의 내막을 전혀 모르던 나도 그 사진을 보며 도대체 이게 뭔가 하는 의구심을 가지고 유심히 기사를 읽었던 기억이 난다. 장소는 강서구 가양동이며 의자에 앉아 있는 이들은 동네 주민들, 무릎을 꿇고 흐느끼는 이들은 장애아 자녀들을 둔 학부형들이다.

내막은 이렇다. 서울시가 강서구 가양동에 장애인학교를 세우겠다고 발표하자 주민들이 반대하고 나선 것이다. 이런 주민들을 향해 장애인 자녀를 둔 학부형들이 눈물을 흘리며 학교 건립을 청원하는 장면인데, 이게 사진으로 찍혀서 전국 방송을 탄 것이다. 이 사진이나 TV 영상을 본 사람들은 대부분 이렇게 말했다. "아니 저게 말이 돼? 장애아들도 똑같이 우리의 아이들이고 그들도 정상인처럼 공부할 권리가 있는 것 아닌가? 그걸 반대하고 있는 저 사람들은 도대체 정상적인가?"

여기서 질문 하나 던져보고자 한다. 외상센터의 닥터 헬기 활동 장소가 당신이 살고 있는 집 근처라면 어떻게 할 것인가? 혹시 당신이 살고 있는 아파트 바로 옆에 장애인학교가 들어선다면 어찌할 것인가? 그래도 외상센터의 소음에 민원을 제기하는 사람들을 욕하고, 장애인학교 건립에 반대하는 이들에게 돌멩이를 던질 자신이 있는가? 여론조사의 발표를 보면 재미있는 결과를 알 수가 있다. 헬기장이 필요한 외상센터의 건립에 찬성하는 의견이 90퍼센트, 장애인학교 건립에 찬성하는 의견도 90퍼센트가 넘는다. 그러나 이 시설들이 내가 살고 있는 동네로 들어오는 것에 대해서는 거의 90퍼센트가 반대하고 있다는 사실이다. 소위 말해서 '님비NIMBY, not in my backyard 현상'이 일어나는 것이다.

우선 나와 가까운 거리 그리고 밀접한 관련성이 있는 것들에 대해서는 감성적인 뇌세포가 훨씬 더 강하게 움직인다. 물리적으로 거리감이 있는 것이나 관련성이 덜한 사람들이 관여되어 있을 때는 이성적인 뇌세포가 강하게 움직인다. 이처럼 인간의 뇌세포는 바로 눈앞에 보이는 사람에 대해서는 이성보다는 감성의 화학작용이 먼저 일어나고 나와 직접적인 관계가 없는 사람이나 멀리 떨어져 있는 사람에 대해서는 이성의 화학작용이 작동한다.

누구한테 부탁하는 경우도 마찬가지다. 아무리 모르는 사람이라도 무미건조한 말보다는 감성을 움직이는 멘트가 들어가면 훨씬 효과가 크다. 마음을 담아 이유를 말하며 부탁을 하는 것이 용건만 말하는 것보다는 훨씬 요청에 대한 수락률이 높다는 것이다. 관련하여 미국 하버드 대학의 엘런 랭거Ellen Langger 교수가 발표한 고전적인 논문 The Mindlessness of Ostensibly Thoughtful Action: The Role of "Placebic" Information in Interpersonal Interaction(1978)에 실린 글을 소개한다.

연구 결과 1 연구진은 학생들을 모집한 후, 한 가지 재미있는 실험을 해보기로 했다. 학생들을 복사하려고 줄 서 있는 사람들에게

가도록 한 후에 5페이지짜리 용지를 복사하도록 시킨 것이다. 이 때 사람들에게 학생들이 부탁하는 말의 내용에 따라 어떤 차이가 발생하는지를 알아보기로 한 것이다.

우선 말의 내용은 두 가지로 하기로 했다. "실례합니다, 제가 먼저 복사를 해도 될까요?"라는 멘트만 전하는 경우와 "저에게 지금 갑자기 급한 일이 생겨서 빨리 이 문서를 복사해야 하는데, 먼저 복사해도 될까요?"라고 말하는 경우로 나누었다. 전자는 그냥 용건만 말하는 경우다. 반면, 후자는 감성 어린 이유를 붙이는 경우에 들어간다. 전자와 후자의 요청 수락률을 알아보기로 했고 결과는 다음과 같이 나왔다. 학생들에게 복사기의 순서를 양보해준 전자의 비율은 60퍼센트로 나왔다. 반면에 후자의 경우는 94퍼센트가 자기 순서를 양보해주었다.

연구 결과 2 이번에는 복사할 용지의 양을 대폭 늘려보았다. 상대방이 부담을 느낄 양이 대폭 늘어난 것이다. 복사할 양을 20페이지로 늘려서 동일한 실험을 해보았다. 이유 없이 용건만 말하면서 양보를 요청했을 때와 실험 1에서처럼 "제가 몹시 급한 상황이라 대단히 죄송하지만 먼저 복사해도 되겠느냐?"라며 간곡하게 부탁한 후의 반응을 보기로 한 것이다. 그랬더니 전자의 경우는 요청 수락률이 24퍼센트로 나왔다. 그런데 마음에 호소하는 이유를 전한 후에 부탁한 경우는 요청 수락률이 42퍼센트로 올라갔다.

이처럼 머리가 아닌 가슴을 향해 말하는 요청은 사람의 마음을 움직이는 묘한 힘이 있다. 사람의 마음을 향해 뭔가를 말하는 것은 이성적인 사고보다는 감성적인 사고를 먼저 하게 만들기 때문이다. 나는 이런 사실을 주변의 식당에서도 경험한 적이 있다. 회사 근처에 있는 '하동관'이라는 식당에서 벌어진 상황이다. 원래 하동관은 종로에서 해방 전부터 영업을 했던 유명한 곰탕 전문점인데 자녀 중 한 분이 10여 년 전에 이곳 강남으로 와서 지금의 자리에 '하동관 강남 분점'이라는 이름으로 가게를 새로 만들었다. 삼성동에서는 맛집으로 꽤 유명한 곳이다.

곰탕 이외에 다른 메뉴는 없다. 1인분 가격이 1만 5,000원으로 주변 시세와 비교해 거의 5,000원이나 더 비싼데도 점심시간이면 10분 이상 줄을 서서 기다려야만 한다. 심지어 이런 가격대에도 불구하고 계산은 입구에서 선불로 내고 추가 반찬이나 물 같은 서비스는 전부 셀프로 해야 한다. 요즘 유행하는 가성비(가격 대비 성능)적인 측면에서 보면 조금 이해가 가지 않는 현상이지만 그럼에도 이곳은 줄을 서야 먹을 수 있는 인기 식당 중 하나이다.

나는 개인적으로 이 집이 유명해진 이유가 단순히 맛에 있다고는 생각하지 않는다. 식당으로 들어가는 입구에 걸려 있는 감성을 자극하는 스토리텔링이 사람을 끄는 데 중요한 역할을 하고 있다고 생각한다. 입구 오른쪽에 "저희 식당의 폐점 시간은 오후 4시입니다. 혹시 준비한 음식이 더 빨리 떨어지는 경우에는 더 빨리 문을 닫을 수도 있으니 양해 바랍니다"라고 쓰여 있는 문구가 우선 지나가는 사람들의 이목을 집중시킨다. 그리고 "어린 시절 식당을 하시는 부모님 때문에 저희 형제들은 항상 부모 없는 고아처럼 생활을 했습니다. 우리 자식들은 나처럼 키우지 말아야겠다는 생각에 저녁 식사를 가족과 함께하기 위해 4시 전에 문을 닫는 것이니 양해 바랍니다"라는 문구가 사람들의 가슴을 뭉클하게 한다. 바로 이것이 손님들을 끄는 마법을 부리고 있다고 생각하는 것이다.

질문을 준 회사의 상황으로 가보도록 하겠다. 경영진들이 현장으로 내려가서 어떤 일이 있었는지를 직접 눈으로 보게끔 해야 한다. 서울 본사의 집무실에 앉아 보고를 통해 듣는 것과 현장의 상황을 눈으로 직접 보고 대화를 나누는 것과는 상당한 차이가 있다. 이런 문제는 이성적인 관점보다는 감성적인 관점에서의 접근이 필요한 문제다. 그러기 위해서는 글의 서두에서 언급한 시간적 관점과 거리적 관점을 염두에 두고 해결책에 대한 접근을 시도하는 것이 현명한 판단일 것이다.

2
성공하는 조직은
성격을 먼저 본다

Question

우리 회사는 연구 개발이 주요 업무이다 보니 석·박사급의 고급 인력이 많이

포진해 있다. 최근에 부임한 신임 대표가 이력서에 학력 기재란을 빼라는 지시

를 해서 고민이다. 고급 인력이 대부분인 현장에서는 학력을 중요시하고 있기

때문이다. 그들은 어느 학교를 졸업했는가도 마찬가지로 중요시 여기고 있다.

어떤 논리를 가지고 현장의 리더들을 설득해야 할지 모르겠다.

나는 컨설팅 회사의 대표로 있으면서 수많은 전문 인력을 채용하고 육성하고 관리해왔다. 경험이 쌓이다 보니 아무리 신입이어도 1년 정도 시간이 지나면 그 친구가 어느 정도 성장할지가 얼추 눈에 보이기 시작했다. 2~3년을 채우지 못하고 나갈 친구, 그럭저럭 큰 존재감 없이 취미로 직장 생활을 할 것이라 예상되는 친구, 20년 후에는 조직의 정점에 서서 임원은 물론 CEO 자리까지도 오를 가능성이 있는 친구 등등. 100퍼센트 정확한 건 아니지만 그래도 거의 90퍼센트는 예측 가능하다고 말할 수 있을 것 같다. '조직에는 어떤 친구들이 필요한가?'라는 질문을 받는다면, 나는 이런 경험을 토대로 '끈기와 열정'이라고 말하고 싶다.

물론 조직 생활에서 성과를 내어 윗사람에게 인정받고 승진한다는 것은 수백 개의 요소가 교차해서 나온 결과임에 틀림없다. 하지만 아무리 재능이 있어도 끈기와 열정이 없으면 단기간의 실적으로 끝날 가능성이 높고, 아무리 인맥이 좋다고 해도 끈기와 열정이 없으면 신기루와 같은 과장된 결과물만 남길 가능성이 높다. 조직이라는 건 오래가야 하는 건데, 여기서 말하고 있는 끈기와 열정이 없으면 지속적 성과를 기대하기 힘들다는 의미다. 재능이 다소 떨어지더라도 끈기와 열정이 높은 친구가 결국에는 최종 승자가 되는 경우를 나는 여러 번 목격했다. 같이 일했던 동료들을 보면서 성공의 키워드는 결코 재능이나 학맥·인맥이 아니라, 포기하지 않는 꾸준함에 있다는 사실을 현장에서 여러 번 경험했던 것이다.

이와 관련하여 오래전 나의 경험을 소개할까 한다. 2년에 한 번씩 선발하는 공개 채용에 이제 갓 대학을 졸업한 남학생과 여학생이 각 2명씩 총 4명이 한꺼번에 입사한 해가 있었다. 4명의 구성원 중에 눈에 띄는 친구들이 두 명 있었는데, A군과 B양이었다. A군은 SKY 출신으로 논리력과 이해력에 있어 발군의 실력이었지만, 항상 엄숙하고도 진지한 얼굴로 웬만한 일에는 표정 변화를 보이지 않는 친구였다. 반면 B양은 지방에서 대학을 졸업하고 1년간 계약직으로 판매업 일을 하다가 입사하게 되었다. 그런데 이 친구는 긍정적 성격에 인사성도 밝아서 보고 있으면 나도 모르게 기분이 좋아지는, 환한 느낌을 주는 친구였다.

서두에서도 잠깐 언급했듯이 누구라도 조직 생활을 오래 하다 보면 누가 오래가고 누가 빨리 승진하는지, 그리고 누가 문제 사원이고 누가 단명하는지가 눈에 보이기 마련이다. 처음에는 말로는 설명하기 어려운 직감이란 것이 작용하고, 시간이 흐르면서 결정적 단서를 잡을 수 있게 된다. A군과 B양의 경우도 그랬다. 처음 얼마 동안은 구체적 증거를 제시할 수 없는 직관이란 것이 작용을 하면서 둘의 차이가 느껴졌다. 그리고 시간이 지나면서 하나둘 구체적 사건들이 쌓이면서 말로는 설명하기 곤란했던 직관이 사실이 되어 돌아오기 시작했다.

사람은 기본적으로 밝고 환한 긍정적 분위기를 갖춘 사람을 좋아하는 경향이 있다. 물론 100퍼센트는 아니어도 대개는 즐겁고 긍정적인 사람에게 마음이 가고 호감을 갖게 되는 것이 인지상

정이다. 예를 들어 '긍정적이고 즐거운 사람' vs '심각하고 부정적인 사람' 중에 누구와 일하고 싶은지를 물어보는 질문을 던져보자. 다른 조건이 동일할 경우 거의 대부분 전자의 사람과 같이 일하고 싶다고 대답할 것이다. 여기에는 단지 성격에 대한 선호도도 있겠지만, 실제로 업무적인 측면에서도 전자에 해당하는 사람들이 성과 창출에 도움이 되기 때문이다.

캐나다 웨스턴온타리오 대학의 루비 내들러^{Ruby Nadler} 교수는 "즐거운 음악과 긍정적인 내용의 동영상을 접한 참가자들이 다른 그룹의 참가자들보다 과제 수행에 있어서 월등한 성적을 냈다"고 하는 연구 결과를 발표한 적이 있다. 그러면서 밝고 긍정적인 성향의 사람들이 어둡고 부정적인 사람들보다 더 높은 성과를 낸다는 말도 덧붙여서 말했다. 이런 연구 조사가 아니더라도 인간은 기본적으로 즐거운 사람과 같이 있고 싶어 하는 기본 심리를 가지고 있다. 이런 심리를 생각하면 B양과 같이 밝고 긍정적인 성격이 조직 생활에 훨씬 유리하게 작용하리라는 추측은 충분히 예상할 수 있는 가설이라고 말할 수 있다.

시간이 지나면 성격에 더해 또 하나의 요소가 가미되어야 한다. 바로 책임감과 사명감이다. 그리고 이는 호기심으로 이어져야 한다. 위에 언급한 B양이 그랬다. 시키는 일 이외에는 관심을 갖지 않은 A군과 달리 B양은 자신의 업무와 관련된 지적 호기심이 많았다. 무엇이든 궁금하면 물어보고 또 그걸 현장에 접목해보면서 본인의 지적^{知的} 영역을 넓혀가는 데 열심이었다.

한번은 이런 일도 있었다. 토요일 오후에 사무실에 들른 적이 있었다. 마침 근처에 볼일도 있고 해서 잘되었구나 하는 생각에 월요일 오전에 만날 예정인 고객 관련 자료를 미리 좀 보면서 제안의 로직을 생각할 요량으로 잠깐 들른 것이었다. 그런데 사무실 문을 열고 들어서는 순간, 나는 소스라치게 놀랐다. B양이 일을 하고 있었던 것이다.

"주말에 무슨 일이야?"

"아 네 사장님… 월요일 오전에 직무 분석 시스템과 관련하여 중요한 미팅이 잡혀 있는데, 내부 구조가 잘 이해가 되지 않아서 공부 좀 하려고 들렀어요. 사장님도 아시다시피 고객과 관련된 A급 정보는 집에서는 접속이 안 되잖아요."

그러면서 나에게 이해가 되지 않는 부분에 대한 해설을 요구했다. 잠깐 들를 생각으로 간 것이었는데, 거의 3시간 정도 묶여 있었던 기억이 난다. 하지만 시간이 하나도 아깝지 않았다. 이런 인재를 또 언제 만나나 하는 생각에 즐겁기만 했다.

B양처럼 좋은 인성에 호기심 가득한 사람들이 공통으로 가지고 있는 행동적인 특징이 있다. 회복탄력성이다. 회복탄력성은 실패와 좌절이 찾아와도 굴하지 않고 다시 일어서서 도전해가는 정신을 말하는데, 이를 가리켜 '긍정심리 자본'이라고 부르기도 한다. 긍정심리 자본은 인간 심리의 긍정적인 측면을 과학적으로 연구하는 긍정심리학의 영향으로 2000년대 초에 등장한 개념이며 네브라스카 경영대학의 프레드 루당스 Fred Luthans 석좌교수가 처음 제

안한 이론이다.

개인의 발전을 추구하는 긍정적인 심리 상태[positive psychological state]를 일컫는 말로 개인이 지닌 지식, 역량, 스킬 등에 초점을 두는 인적 자본[human capital]과 사회적 관계 및 네트워크 등에 초점을 두는 사회적 자본[social capital]을 상호 의존적으로 연결시켜서 이 두 자본을 최대한으로 활용할 수 있게 만들어주는 자본이라고 한다. 긍정심리 자본을 구성하는 4개의 하위 요소를 좀 더 구체적으로 소개하면 다음과 같다.

① 자기 효능감: 주어진 상황에서 업무 수행을 성공적으로 해나가기 위해 필요한 스스로의 능력에 대한 믿음
② 낙관주의: 현재와 미래의 성공 가능성에 대한 긍정적 태도
③ 희망: 긍정적인 동기부여 상태로 성공에 대한 믿음과 목표를 달성하고자 하는 의지
④ 회복탄력성: 역경에 직면했을 때 좌절로부터 원래의 상태로 되돌아오거나 그것을 극복하고자 하는 능력이나 의지

루당스 교수는 이런 이론을 토대로 긍정심리가 직원들의 태도와 조직 성과에 어떤 영향을 미치는지를 연구했다. 다음은 그가 '긍정심리 자본이 직원의 태도와 행동 및 성과에 미치는 영향에 대한 메타 분석'이라는 타이틀로 발표한 연구 논문의 결과를 정리한 것이다.

긍정심리 자본이 직원들의 태도에 미치는 영향력에 대한 분석

항목		바람직한 태도			바람직하지 않은 태도		
		직무 만족	직무 몰입	정신건강	냉소주의	이직 의도	스트레스/불안
연구 개수		10	9	3	4	5	4
샘플수		3,123	2,072	1,305	918	2,650	1,459
상관관계 평균		0.45	0.40	0.40	−0.46	−0.28	−0.20
가중 상관관계 평균		0.54	0.48	0.57	−0.49	−0.32	−0.29
표준오차		0.17	0.07	0.16	0.07	0.11	0.20
95% 확신 구간	하위값	0.34	0.35			−0.53	−0.47
	상위값	0.73	0.61			−0.10	−0.10
95% 신뢰 구간	하위값	0.50	0.44	0.51	−0.55	−0.36	−0.34
	상위값	0.57	0.52	0.62	−0.42	−0.28	−0.24
동질성 분석		70.24**	5.39*	17.14*	1.87	19.4**	28.71**
이향 분포 표현방식		0.77	0.74	0.78	0.26	0.34	0.36

긍정심리 자본이 직원들의 행동과 성과에 미치는 영향력에 대한 분석

항목		바람직한 행동		바람직하지 않은 행동
		조직 공헌	성과	무관심
연구 개수		8	24	7
샘플 수		2,319	6,931	1,959
상관관계 평균		0.43	0.26	−0.43
가중 상관관계 평균		0.45	0.26	−0.42
표준오차		0.15	0.08	0.12
95% 확신 구간	하위값	0.41		−0.49
	상위값	0.50		−0.36
95% 신뢰 구간	하위값	0.41	0.24	−0.47
	상위값	0.49	0.29	−0.38
동질성 분석		32.28**	391.13**	29.36**
이향 분포 표현방식		0.73	0.63	0.29

연구 방법 연구진은 긍정심리와 관련된 모든 문헌을 수집하여 긍정심리가 조직 행동에 미치는 영향을 분석해보기로 했다. 연구진은 *the PscyINFO database(1874-Present), Ovid Medline, CINAHL, CCTR, Medline Non-Indexed, Old Ovid Medline, ProQuest Digital Dissertations, ProQuest Advanced*에 들어 있는 데이터베이스를 연구하였다. 또한 긍정심리와 관련된 책을 저술한 저자 20명을 섭외하여 그들의 연구 자료도 넘겨받았다.

연구 결과 수십만 건의 데이터를 분석한 결과 긍정심리 자본은 직원들의 태도와 상당한 상관관계에 있음이 밝혀지게 되었다. 역시나 바람직하지 않은 행동에도 상당한 억제 효과를 보이고 있음을 알 수 있다. 또한 긍정심리 자본은 업무 성과와 직원들의 직무 행동에도 상당히 큰 영향을 미치는 것으로 판명되었는데, 특히나 직원들의 조직 공헌 활동과 성과에도 큰 영향을 미친다는 사실을 확인할 수 있었다.

루당스 교수의 조사에서는 본인이 규정한 긍정심리의 4가지 요소(자기 효능, 낙관주의, 희망, 탄력성) 각각이 미치는 요소별 영향의 정도에 대해서는 알려져 있지 않다. 그런데 이 부분과 관련하여 내가 조사한 자료로는 '회복력〉희망〉자기 효능감〉낙관주의'의 순으로 그 영향력의 정도가 반영된다는 사실을 확인할 수 있었다.

무엇보다도 회복력은 인내와 끈기에서 발현되는 요소로서 내가 확인한 바로는 개인들이 성과를 달성하게 하는 매우 중요한 요소임에 틀림없다. 그리고 다음은 희망이다. 모든 일에 있어서 희망의 끈을 놓지 않는 친구들이 목표를 달성할 가능성도 높다는 사실을 경험을 통해 확인할 수 있었다. 그래서 나는 회복탄력성 다음으로 희망이라는 요소를 더 중요한 항목으로 생각하고 있었는데, 어디까지나 개인적인 설문의 결과이지만 실제로도 그런 결과가 나온 것이다.

사랑받을 수밖에 없는 성격

B양과 같은 성격의 인물들이 조직에 어떤 영향을 미치는지도 궁금했다. 루당스 교수의 메타 분석에 의한 결과가 아닌 현장의 살아있는 의견이 필요했다. 관리자들을 대상으로 긍정심리가 조직 성과에 어느 정도 영향을 미치는가를 알아볼 수 없을지 고민하던 차에 마침 적당한 모집단이 나타나서 그들을 대상으로 아래의 질문을 해보았다. "팀의 성과에 공헌도가 높은 사람을 A, 공헌도가 낮은 사람을 C라고 칭하도록 하겠습니다. 조직 내에 A와 C에 해당하는 인물을 구체적으로 떠올려주십시오. 그리고 다음의 질문에 답해주십시오"라는 요청을 했고, 그 결과는 아래와 같이 나왔다.

 Q1 1~7 범위 내에서 A, C가 가지고 있는 긍정심리 자본의 발휘 정도에 해당하는 숫자에 체크해주십시오.

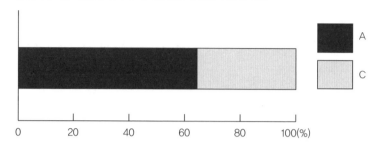

긍정심리 자본이 조직 성과에 미치는 긍정적 영향의 상대 비교

 0   20   40   60   80   100(%)

A

C

210명의 팀장들은 A가 C보다 3분의 1 정도 더 높은 긍정심리를 가지고 있다고 답변했다. 결과만 가지고 분석해보면, 긍정심리가 강한 사람이 조직 공헌도도 높다고 볼 수 있다. 역시 예측한 결과가 그대로 나타난 것이다. 긍정심리는 장기적인 관점에서 봤을 때, 조직의 성과 창출에 큰 영향을 미치는 요소라고 정의할 수 있다. 그런데 그 수치의 차이가 30퍼센트 이상 벌어진 것에는 나도 약간 놀랐다. 여기서 당장 응용할 수 있는 상황이 여러 가지로 머릿속에 떠올랐다. 채용에서부터 시작해서 평가, 승진, 부서 배치 등등 인사의 모든 영역에서 활용 가능한 부분이 많을 것이다.

Q2 1~7 범위 내에서 A, C가 가지고 있는 긍정심리 자본의 4가지 요소에 대한 발휘 정도를 체크해주십시오.

여기서는 두 가지 특이점이 발견되었다. 첫 번째는 A와 C 사이에 발생하는 회복탄력성의 상대적 비교다. 회복탄력성의 차이가

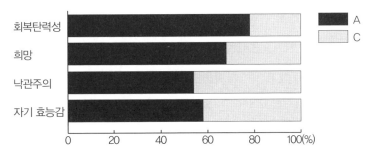

긍정심리 자본이 조직 성과에 미치는 긍정적 영향에 대한 요소별 상대 비교

생각보다 크게 나타났기 때문이다. 회복탄력성은 자신감의 회복을 말한다. 그런데 이 자신감의 회복이 'A 78퍼센트' VS 'C 22퍼센트'로서 거의 3.5배의 차이가 발생한 것이다. 회복탄력성이 조직 성과에 미치는 영향력이 예상보다도 훨씬 크게 나온 것이다.

긍정심리 자본의 핵심은 자신감의 회복

이처럼 긍정심리는 성과에 매우 큰 영향을 미치는 요소임에 틀림없다. 여기에 덧붙여 긍정심리 자본의 중요한 요소에 해당하는 자신감과 관련하여 흥미로운 실험을 소개하고자 한다. 나의 전작 《조직문화 핀 포인트》에도 언급한 내용이자 EBS 방송을 소재로 한 글이다. 수영부 학생들을 대상으로 어떤 실험인지는 밝히지 않고 초기의 성공과 실패 체험이 이후의 결과에 어떤 영향을 미치는지를 알기 위해 간단한 실험을 실시했다.

총 6명의 학생들을 A조(1~3) 3명, B조(4~6) 3명으로 나누어 전원을 대상으로 100미터 기록을 재고 그들에게 결과를 알려주었다. 다음 날, 다시 한번 기록을 측정하고, 이번에는 약간의 조작을 넣어 알려주었다. A조에게는 전날 나온 수치보다 1초 더 향상된 결과를 알려주었고, B조에게는 1초 뒤처진 수치를 알려준 것이다. 그리고 다음 날 다시 기록을 재보았다.

성공 체험에 따른 기록 변화 1

이름	1	2	3	4	5	6
체험 종류	성공	성공	성공	실패	실패	실패
기록 변화	1.1초 업	0.5초 업	0.7초 업	0.4초 다운	0.9초 다운	1.2초 다운

그랬더니 위와 같은 결과가 나왔다. 1초 더 향상된 수치를 전달받은 A조 학생들의 경우 실제로도 더 향상된 결과를 낸 반면에 1초 떨어진 수치를 전달받은 B조 학생들은 실제로도 떨어진 기록을 낸 것이다.

실험이 끝나고 해당 학생들을 상대로 개별 인터뷰를 해보았다. 어떻게 해서 이런 결과가 나오게 된 건지 개인 소감을 들어보기로 한 것이다. A조에 속했던 학생들의 경우 대부분 "생각보다 기록이 좋게 나와서 자신감이 생겼어요"라는 말을 가장 많이 했다. 반대로, B조에 속했던 학생들의 경우엔 "열심히 했는데 기록이 생각보다 안 좋게 나와서 불안한 마음으로 스타트 라인에 섰어요"라는 답변이 많았다.

자신감의 다른 표현은 자기 효능감이다. 그런데 이 자기 효능감이 자칫 지나친 자기 과신으로 이어져 근자감(근거 없는 자신감)만 주는 사례를 우리는 가끔 목격하게 된다. 비슷한 콘셉트의 낙관주의도 마찬가지다. 근자감보다 더 부정적인 영향을 미치는 것이 근거 없는 낙관주의를 가지고 살아가는 것이다. 부정적인 사고보다는 긍정적인 사고가 수십 배 바람직할 테지만 그렇다고 무작정 아무 근거도 없이 낙관적으로 생각하는 건 바람직하지 않은 사고방식이다.

아무튼 이상의 결과를 통해서 얻게 된 교훈은 확실하다. 긍정심리가 부정심리보다 조직의 성과 창출에 3배 더 많은 도움을 준다는 것이다. 물론 긍정심리에 좋은 학력까지 겸비하면 금상첨화이겠지만 신은 한 사람에게 모든 것을 주지는 않는다. 사람은 각자 가지고 있는 자질이 다르다. 이렇게 다른 자질 중에서 우리 조직은 어떤 것을 우선으로 할 것인가의 문제를 먼저 생각해야 한다. 조직이 친목 단체가 아닌 이상은 성과를 중요시 여겨야 한다. 결론적으로 태도와 자세가 조직 생활에서 가장 중요하다는 사실을 위에서 확인한 데이터를 통해 다시 한번 확신하게 된다.

3
공평이 아니라
공정을 원하는 것이다

Question

설립 5년째를 맞이한 보험업을 하고 있는 회사다. 사람들은 누가 얼마를 판매

했고, 누가 얼마를 급여로 받았고 등의 개인별 판매금액 및 보상금액을 전부

공개하고 있는 실정이다. 연차에 따라 직급이 설정되어 있긴 하나 급여는 본인

들의 판매 실적과 연동되어 있다. 그런데 이 제도가 동료들 간에 위화감을 조

성하고 팀의 단합을 저해하는 요소가 된다는 의견이 나와서 제도 변경을 고민

하고 있는 상황이다.

잠시 인사의 기본 구조인 '등급→평가→보상'에 대한 설명부터 하고 본론에 들어가는 것이 좋겠다. 매우 중요한 프레임이기 때문이다. 기본이 튼튼해야 바람이 불어도 흔들리지 않으며 실용적인 응용 버전도 나오는 법이니까 주의해서 살펴볼 필요가 있다.

관리자의 위치에 서서, 그리고 경영자의 위치에 서서 직원들을 채용하면 제일 먼저 해야 하는 일이 있다. 채용한 직원에게 조직의 기대와 상사의 기대를 전하는 일이다. 조직에서 기대하는 것이 무엇이고 어떤 역할을 해주면 좋을지 명확히 전하는 일이다. 그런데 이런 의식을 가볍게 여기는 사람들이 있다. 시간도 없는데 쓸데없는 일을 한다고 주장하는 사람들도 있다. 그러나 이런 의식을 거행하느냐 하지 않느냐에 따라 이후에 이어지는 개인의 성과에는 상당한 차이가 발생한다는 사실을 알아야 한다.

모든 조직에는 부서와 직급에 맞는 기대 역할이라는 것이 있다. 기획이나 총무, 영업, 생산, 연구 등의 각 부서에 맞추어 정해진 업무에는 차이가 있다. 여기에 더해 사원, 대리, 과장, 차장, 부장 등과 같이—요즘은 많은 기업들이 계층을 단순화해서 팀장·팀원의 2단계 구조이긴 하지만—직급에 따른 기대치의 차이가 있다. 이렇게 부서와 직급에 따라 정해져 있는 업무 범위를 '역할 직무' 또는 '기대 직무'라고 부른다. 이런 기대 직무, 역할 직무를 알기 쉽게 표현한 것이 '직무 기술서'다. 직무 기술서에는 직원의 포지션에 대해 조직이 기대하는 직무 활동들이 세세히 기록되어 있다.

하지만 대부분의 직무 기술서는 대략적인 범위 내에서 기술되어 있기 때문에 어떤 배경으로 이런 직무 범위가 산정되어 있는지를 알기 어렵다. 그러다 보니 직무 기술서에 의한 역할 정의가 형식적으로 적혀 있는 경우도 많은 것이 현실이다. 이런 요식 행위를 방지하고 자신의 업무에 대해 명확한 목표 의식을 심어주기 위해서 권장하고 있는 것이 바로 언어화된 기대치의 전달인 것이다. 상사가 직접 자신의 언어로 기대 역할을 전달하게끔 하는 것이다.

예를 들면, '김 과장님, 현재 영업1팀의 멤버가 다섯 명입니다. 김 과장님이 정확히 중간이고요, 후배들은 아직 경험이 많지 않다 보니 기존 거래처 관리만으로도 많이 힘든 상황에 있습니다. 경험 많은 김 과장님이 좀 더 분발하셔서 신규 고객 확보를 리딩해주시면 고맙겠습니다'라는 식의 말로 큰 틀 안에서 조직의 기대치를 전하는 것이다.

다음 단계는 목표 설정이다. 기대 역할의 전달은 어디까지나 포괄적인 개념의 역할 전달일 뿐이다. 조직이 설정한 전체의 목표를 달성하기 위해서는 멤버 개개인의 목표 달성이 선행되어야 한다. 당해 연도 부서의 목표는 무엇이고, 팀의 목표는 무엇이며, 이 목표를 달성하기 위해서 당신이 해야 할 일들에는 이러이러한 것들이 있다는 식으로 개인별 목표 설정이 이루어져야 한다.

목표 설정에는 두 가지 방식이 있는데, MBO^{Management by Objectives}

와 OKR^{Objective and Key Result} 방식이 있다. 목표 설정의 방식으로 수십 년간 MBO에 의한 방식이 유지되어왔었는데, 얼마 전부터 '구글의 일하는 방식'이라는 이름으로 KBO가 알려지면서 이 방식이 유행하고 있는 듯하다. 비슷한 구조를 갖고 있으면서도, 기존의 MBO에 더해 '왜 이 일을 해야 하는지?'와 같이 일의 의미를 생각하게끔 유도된 것이 차이라면 차이일 것이다. 여기서 목표는 반드시 문서화되어야 하며, 목표 설정에는 반드시 what · how · when이 들어가 있어야 한다.

역할 정의가 이루어지고 목표 설정이 끝나면 다음은 평가와 보상의 단계로 넘어간다. 아니, 엄밀히 말하면 평가와 보상을 위해서 역할 정의와 목표 설정이 필요하다고 말하는 것이 더 정확한 답변일 것이다. 결국, 조직 생활이라는 것은 생계유지를 위해 재화를 얻는 행동이고 그 재화가 바로 보상인데, 문제는 이 보상을 어떤 근거로 얼마만큼 받느냐가 관건이기 때문이다. 얼마를 받느냐는 곧 어떤 평가를 받느냐와 연결이 되고, 평가는 무엇을 대상으로 하느냐와 연결이 된다. 그 대상이 되는 것이 바로 역할과 목표라고 볼 수 있다. 이런 이유로 역할에 대한 정의와 목표 설정은 곧 평가와 보상의 시작이라고 말할 수 있는 것이다.

지금까지의 과정은 평가를 시작하기 전―목표 설정이 끝나고 업무를 수행하는 스타트의 단계―에 끝내야 한다. 다음 단계는 업무 수행의 기간, 즉 평가의 기간으로 넘어간다. 평가 기간은 회사에 따라 차이가 있는데 보통은 반기(6개월)가 가장 일반적이다. 사업의 특수성에 따라 1년 또는 분기(3개월)를 선호하는 곳도 있다. 사업 구조가 오랜 기간 유지되는 제조업의 경우 1년을 선호하고 IT 정보통신의 경우 3개월을 선호하는 경향이 있다.

평가에서 가장 중요한 건 공정

평가가 끝나면 보상의 단계로 접어든다. 보상의 단계에서 우리가 가장 신경 써야 하는 부분은 공정이다. 공정은 공평과는 다른 의미이다. 혹시나 평가 보상의 단계에서 공평을 주장한다면 조직에 큰 파란을 불러일으킬 가능성이 높다. 여기서 내가 경험한 에피소드를 통해 이해를 돕고자 한다.

이름을 들으면 알 만한 어느 제약회사에서 있었던 일이다. 어느 날 그곳의 인사팀장으로부터 전화가 걸려왔다. 한번 보자는 것이었다. 그는 자리에 앉자마자 다급한 목소리로 엊그제 회사에서 있었던 일에 대해 하소연을 늘어놓기 시작했다.

"얼마 전에 성과급 지급 기준에 대한 발표가 있었습니다. 그런데 제가 평소에 가장 눈여겨보고 있던 친구 중에 박무송(가명) 과장이라고 있는데, 이 친구가 사표를 냈습니다."

"갑자기요?"

"그 친구 소속이 해외사업부인데, 본인은 코로나 특수가 사라지기 전에 하나라도 더 팔아야겠다는 일념으로 모든 휴일을 반납하고 일에 매달렸다고 합니다. 회사가 도약할 수 있는 천재일우의 기회라는 생각으로 해외 바이어를 발굴하고, 상담하고, 계약 성사시키고 하면서 정말 정신없이 일했답니다. 반면, 같은 팀의 모 선배는 그 와중에도 평소와 다름없이 개인적인 취미 생활을 즐기느라 회사 일에는 관심도 없고, 그랬다고 하네요. 그런데 어떻게 그런 사람과 똑같은 대우를 받아야 하는지 납득이 가지 않는다는 겁니다. 억울하다면서 이런 곳에서 더는 자신의 청춘을 낭비하고 싶지 않다는 거예요."

"그런 불만을 갖고 있는 사람들이 또 있을 것 같은데요."

"국내 사업 쪽 사람들입니다. 같은 회사 직원인데, 왜 해외사업부에만 성과급을 지급하냐고 하면서 항의하는 친구들이 있습니다. '해외 사업이 일을 잘한 것이 아니라 코로나의 덕'이라고 주장하면서 말입니다. 같은 회사 직원인데 누구는 주고, 누구는 안 주는 인센티브가 말이 되느냐고 항의하는 겁니다."

조직이 남긴 이익을, 그 과정에 공헌한 직원들에게 돌려주려고 공표한 성과급이 오히려 조직의 분위기를 망치는 부메랑이 되어 돌아온 꼴이 되었다는 것이다. 공정과 공평이 얼마나 다른 것인지를 생각하게 하는 좋은 일화인 것 같아 소개해보았다.

"모두가 공평하게 대우받는 회사를 원한다"라고 말하는 직원들의 목소리를 있는 그대로 받아들이는 경영자가 있다. 인간의 잣대는 항상 이중적이다. 나는 내가 내는 실적보다 더 높게 인정받고 싶고, 나보다 처지는 동료는 나보다 더 낮은 대우를 받아야 한다고 생각하는 것이 당연한 심리이다. 이런 기본적인 심리를 무시하고 모든 직원들을 똑같이 평가하고 똑같이 대우한다면, 결과는 조직을 파국으로 이끄는 대재앙으로 끝날 것이다. 공평과 공정은 다른 것임을 명심해야 한다.

연봉을 공개하는 것이 도움이 되는 경우

이런 이유 때문에 모두가 공개적으로 자신이 받는 급여나 성과급을 알고 지내는 것은 위험한 상황이라고 말하고 싶다. 명확한 평가 기준 없이 급여나 인센티브 금액을 공개하고 지급하는 것은 자칫 타오르는 불 속에 기름을 들이붓는 효과를 가져올 수도 있기 때문이다. 그러나 직원이 받게 되는 금전적 액수의 공개가 오히려 일하는 사람들의 업무 의욕을 자극하여 더 큰 생산성을 낳게 되는 경우도 있으니 각자가 처한 상황을 충분히 고려하여 제도를 만드는 것이 좋을 듯하다. 하는 일이 다양한 사람들의 협력이나 중요한 결정을 요하는 직무에서는 연봉이나 인센티브를 공개하는 것은 바람직하지 않다. 반면, 단순 반복적이면서 일의 완결성이 명확한 업무는 공개하는 것이 더 도움이 될 수도 있다.

평가의 기준이 너무 명확해서 누가 보아도 바로 수긍이 가는 직무라면 오히려 공개하는 것이 더 모티베이션을 자극할 수도 있다고 한다. 영국 런던정경대학의 조르디 블래인스 아이 비달[Jordi Blanes I Vidal] 교수가 '연봉 공개와 생산성의 상관관계[RPIE: Relative Performance

Information Exercise'라는 연구에서 이런 주장을 입증하는 자료를 발표했다. 그가 발표한 논문 *Tournaments Without Prizes: Evidences from Personnel Records(2011)*의 내용을 잠시 살펴보도록 하자.

연구 방법 비달 교수의 연구팀은 독일의 어느 대형 물류회사를 방문하여 협조를 구했다. 슈퍼마켓에 물건을 유통시키는 이곳 근로자들을 대상으로 각자의 연봉 공개가 그들의 작업 방식에 어떤 영향을 미치는가를 알아보기로 하고 현장 연구를 진행한 것이다. 도매와 소매를 다 같이 다루고 있는 이 업체는 다루는 단위 물건의 처리 속도에 맞추어 급여가 바로바로 지급되는 연봉 시스템을 가지고 있다. 연구진은 직원들 각자의 성과와 그에 수반된 급여 정보를 모두가 공유하게끔 설계한 후 매월 이 정보를 공표하게 했다.

연구 결과 직원들의 연봉 구조는 고정급과 변동급으로 구분되어 있다. 전체 연봉의 구성 비율은 고정급 75퍼센트, 변동급 25퍼센트의 구성 비율이다. 이 중에서 정보 공유와 생산성의 상관관계를 분석RPIE하는 항목 구성은 변동급을 가지고 해보기로 했다. 실험 대상이 된 변동급의 조사 항목은 두 가지로 했다. 양적인 부분(얼마나 많은 주문을 처리했는지)과 질적인 부분(얼마나 실수 없이 주문을 처리했는지)을 다루는 두 가지 분야로 나눈 것이다.

연봉 공개 전과 후의 생산성(상)과 오류율의 변화(하)

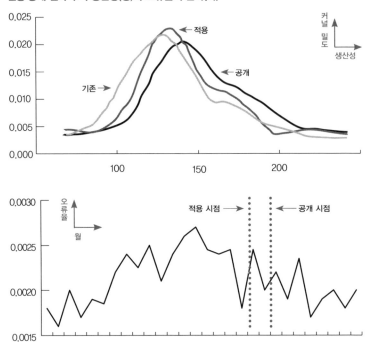

위의 도표를 보면 기존 연봉과 개정 규칙이 적용되는 시점, 실제적으로 적용된 연봉이 공개되는 시점으로 나뉘어 큰 변화가 일어나고 있음을 알 수 있다. 위의 그래프에는 커널 밀도$^{Kernel\ density}$와 시간당 생산량의 변화를 나타낸 그래프이다. 전체적으로 기존—적용—적용 후의 공개 시점으로 생산성이 향상되고 있음을 알 수 있다. 또한 아래의 그래프는 개정 규칙이 적용되는 시점과 비교하여 적용된 연봉이 모두에게 공개된 이후에는 작업의 오류율이 전반적으로 하락되어 있음을 보여주고 있다. 회사는 이런 조

50   자율조직

치를 취하고 그다음 해부터 생산성이 6.8퍼센트 상승했다고 발표했다.

연봉 순위 공개가 생산성 향상에 도움이 된다는 연구는 위에서도 언급했듯이 일의 완결성이 명확해서 평가 기준이 명확한 직무에 한하여 효과가 있다. 급여의 지급 방식이 본인의 작업량과 바로 연결되는 심플한 구조를 갖고 있기에 가능한 것이다. 대개의 직무는 팀워크를 기반으로 하기에 직원들 간의 업무 경계가 명확하지 않다. 뿐만 아니라 정성적인 업무가 많기 때문에 작업의 결과를 바로 계산하기도 어렵다. 따라서 연봉 공개를 통한 근로 의욕의 자극은 가급적 신중하게 접근할 필요가 있다. 정량적으로 생산성이 측정 가능한 단순한 직무에 한해서 고려하는 것이 좋을 듯하다.

마지막으로 자료 하나를 참고로 소개하고자 한다. 다음 자료는 동아대학교 이만규 박사가 부산·경남 지역에 소재한 25개의 제조사와 29개의 서비스업에서 일하고 있는 직장인 526명으로부터 얻은 자료를 조사해서 분석한 것이다. 총 7개의 결과 데이터 중에서 위에 열거한 평가 공정성에 해당하는 결과만을 따로 떼어서 재정리한 것이다.

도표에 나와 있듯이 직무 만족과 직무 몰입에 영향을 미치는 매개변수 중에서 '평가 공정성'이 미치는 영향이 가장 큰 것으로 확인되었다. 회귀 계수를 보면, 직무 만족의 경우 평가 공정성(0.52)은 승진 공정성(0.22)보다 2.5배, 보수 공정성(0.17)보다 무려 3배

보상 공정성과 직무 만족의 회귀분석

독립변수	회귀 계수	t값	p값	R^2	f값	p값
보수 공정성	0.17	9.13**	0.00	0.13	83.39**	0.00
승진 공정성	0.22	4.46**	0.00	0.04	19.91**	0.00
인사고과 공정성	0.52	15.34**	0.00	0.31	235.53**	0.00

* 종속변수: 직무 몰입, 주) * :5%, ** 1%에서 유의함

보상 공정성과 직무 몰입의 회귀분석

독립변수	회귀 계수	t값	p값	R^2	f값	p값
보수 공정성	0.16	7.61**	0.00	0.10	58.04**	0.00
승진 공정성	0.09	1.6**	0.11	0.01	2.56	0.11
인사고과 공정성	0.41	9.9**	0.00	0.15	98.01**	0.00

* 종속변수: 직무 몰입, 주) * :5%, ** 1%에서 유의함

나 더 큰 영향력을 발휘하고 있는 것으로 나타난다. 직무 몰입에 미치는 영향도 마찬가지다. 직무 몰입의 경우 인사고과 공정성 (0.41)은 보수 공정성(0.16)의 2.5배, 승진 공정성(0.09)의 4배의 영향력을 미치는 것으로 나왔다. 이는 직무 만족이나 직무 몰입에 있어서 보수나 승진의 공정성도 중요하지만 '인사고과 공정성'이 가장 중요하다는 것을 의미한다.

'연봉을 공개하는 것이 효과적일까? 공개하지 않는 것이 효과적일까?'를 논하기 전에 제대로 된 평가가 이루어지고 있는지에 대한 점검이 더 중요하다는 의미이다. 직원들이 "우리 조직은 공평하지 않다"라고 말하는 것은 실은 '공정하지 않다'는 의미를 말한

다. 즉, 불공평한 것은 참아도 불공정한 것은 참을 수 없다는 뜻으로 이해하면 좋겠다.

4
압박하면
꼼수가 나온다

Question

산업용 로봇을 만드는 회사에서 개발팀장을 맡고 있다. 갑자기 팀장을 맡게 된
초보 팀장이다. 위에서는 팀원들에게 좀 더 높은 목표를 제시하여 조직에 대한
공헌도를 높이라고 말한다. 그런데 내가 팀원일 때도 이런 방식이었는데, 오히
려 부작용만 많았던 기억이 있어서 고민 중이다. 수준 낮은 질문일 수도 있지
만 조언을 구한다.

목표 설정은 조직의 리더라면 당연히 신중을 기해야 하는 매우 중요한 과제 중 하나다. 중요한 과제임에도 불구하고 너무 보편적으로 알려져 있기 때문에 정확하지 않은 정보가 범람하고 있는 것도 사실이다. 어떤 이는 목표를 높게 잡아야 한다고 말한다. 반면에 또 어떤 이는 조금 낮게 잡아서 일하는 사람들이 성취감을 갖게 해야 한다고 말한다. 여기에 더해 목표 설정의 기간도 다양하다. 그러다 보니 혼란스럽게 생각하는 이가 많다. 다만 어느 쪽이 되었든 회사에서 늘 하고 있던 습관이 관습이 되어버린 탓에 문제의식을 못 느끼고 있을 뿐이다.

목표가 있는 사람과 목표가 없는 사람의 일상적인 행동에는 큰 차이가 있다. 목표 설정의 중요성은 멀리 갈 필요 없이 가까이에서 얼마든지 찾아볼 수 있다. 그날 해야 할 일이 있는 사람은 누가 시키지 않아도 정해진 시간에 눈이 뜨이고 하루의 일과를 시작한다. 그러나 그날 특별히 목표로 한 일이 없는 사람은 아침 기상에 대한 의지가 별로 없다. 이렇게 목표 의식은 우리의 마음가짐과 행동에 큰 영향을 미친다.

목표 의식은 집중력을 높이는 효과도 있다. 우리는 목표를 반드시 해내야 하는 일로 여기기 때문에 같은 일도 목표로 설정하면 그 결과가 다를 수밖에 없다. 반면, 목표가 없는 사람은 일을 꼭 이루어야 하는 것으로 생각하지 않기 때문에 특별히 집중해야 한다는 의지가 생기지 않는다. 그러다 보니 아무리 시간이 지나도 결과가 없다.

목표 설정을 말할 때 많이 나오는 단어가 하나 있다. 아마도 'SMART 원칙'이라는 용어를 들어보았을 것이다. 그 내용은 아래와 같다.

① specific: 목표는 구체적이어야 한다. 계량 가능한 구체적인 수치를 목표로 잡는 것을 말한다.

② measurable: 목표는 측정할 수 있어야 한다. 정량적으로 측정할 수 없다면 목표가 될 수 없다고 말한다.

③ achievable: 목표는 실현 가능해야 한다. 지나치게 높은 목표를 설정하는 것은 금물이다.

④ realistic: 목표는 현실적이고 타당해야 한다. 비현실적인 목표는 지양해야 한다.

목표 관리와 실적 고과 시트의 예시

	목표 항목과 달성 기준 What How When을 구체적으로 기입한다	수행 결과	비중	난이도	달성도	
					본인 평가	상사 평가
1	상품 A 개발 • 개발 프로젝트 리더로서 테스트 계획을 작성하고 이번 기간 중에 모든 테스트를 완료시켜 다음 기간 초부터 수행되도록 한다		50%	HH		
2	상품 B 개발 • 상품 B에 관한 개발 콘셉트를 정해, 3월 초순 개발위원회에서 승인을 얻는다		30%	H		
3	상품(시스템 메인터넌스) • 메인터넌스 요건을 정리하고, 다음 기간 이후의 스케줄링을 시행한다		10%	M		
4	기초 연구 테마 1의 추진 • 테마 1에 대하여, 선행 연구 자료를 수집하고, 3월 초순까지 개발위원회에 보고한다		10%	L		

⑤ time based: 목표는 마감 기한이 있어야 한다.

앞의 도표는 이런 SMART 원칙에 근거하여 만들어진 목표 관리 시트의 예시다. 좌측에 목표를 적고 우측에는 그 목표가 차지하는 비중(중요도)을 적고, 그리고 그 목표를 달성하는 데 예상되는 어려움의 정도(난이도)를 적는다. 여기서 한가운데의 수행 결과와 제일 우측의 달성도는 처음엔 기록하지 않는다. 이 두 항목은 수행 기간이 끝난 후, 즉 평가 기간이 끝난 후에 기재한다. 나중에 본인이 생각하는 달성의 정도와 상사가 생각하는 달성의 정도를 기입하는 것이다.

이런 목표 관리 시트의 작성은 매우 중요하다. 조직 생활이라는 것은 결국 생계유지를 위해 재화를 얻는 행동이고 그 재화가 바로 보상인데, 문제는 이 보상을 어떤 근거로 얼마만큼 받느냐가 관건이기 때문이다. 얼마를 받느냐는 곧 어떤 평가를 받느냐와 연결이 되고, 어떤 평가는 무엇을 대상으로 하느냐와 연결된다. 그런데 그 대상이 되는 것이 목표라고 볼 수 있다. 이런 이유로 목표 설정은 곧 평가와 보상의 시작이라 말할 수도 있다. 때문에 목표는 위에서 소개한 집중력에도 중요한 계기가 되는 것임과 동시에 평가 보상과도 따로 떼어놓고 말할 수 없는 불가분의 관계에 있는 것이다.

참고로 난이도가 무엇이냐고 물어보는 사람들이 많아 잠깐 설명하기로 한다. '난이도'란 그 업무를 수행함에 있어서 겪게 되는 어려움의 정도를 말한다. 과업에 따라서는 쉬운 것들도 있겠지만 또 어떤 것들은 자신의 능력치를 오버하는 것들도 반드시 있기 마련이다. 하지만 팀 성과를 위해서 하지 않으면 안 되는 것들, 이런 것들에 대해서는 난이도를 높게 주어서 고과에 반영하는 일종의 평가 조정안이다. 예를 들면, 질문을 한 초보 팀장처럼 이제 막 리더가 되어 책임자 역할을 수행하는 사람의 팀 관리와 팀장이 된 지 10년이 된 사람이 조직 관리에 대해 느끼는 어려움의 정도는 다를 것이다. 이런 어려움의 정도를 감안해서 평가를 하자는 의미이다.

다음은 목표를 정할 때의 주의 사항이다. SMART 원칙에도 있지만 목표는 달성 가능한 것으로 해야 한다. 때문에 지나치게 높은 목표 설정은 가급적 피하는 것이 좋다. 시작하기도 전에 도전 의지를 꺾을 수가 있으며 심지어는 목표를 달성하기 위해 비윤리적, 비도덕적인 방법을 시도할 가능성도 있기 때문이다.

헬스클럽 사장의 뒤늦은 후회

작년에 내가 다니고 있던 헬스클럽에서 일어난 일이다. 아직도 사용 기간이 많이 남아있는데 갑자기 헬스클럽 문을 닫는다고 공지를 붙였다. 오래전부터 심한 경영난으로 운영이 어렵다는 말은 익히 들어왔지만, 그래도 수년간 잘 운영해온 곳인데 갑자기 문을 닫는다는 말을 들으니 의구심이 일었다. 그런데 실은 이전부터 이곳에서 일하는 사람들의 영업 방식을 보면서 나는 위험성을 느끼고 있었다. 그 영업 방식이라는 것이, 이용 일수가 한참이나 남은 회원들을 대상으로 할인율의 폭을 넓혀가면서 재가입을 유도하는 형태였다.

헬스클럽 입구에는 '신규 회원 유입을 통한 지역 NO. 1 피트니스 센터의 유지'라는 문구가 크게 걸려 있다. 그런데 직원들의 영업 방식은 기존 회원들에 대한 할인율을 대폭 높여 그들의 재가입을 늘리려는 데 혈안이 되어 있었던 것이다.

그곳 사장과는 평소에 친분이 있던 터라 우연히 다시 만날 일이 있었는데, 그가 나에게 이렇게 말했다. "위기의식에 직원들에게 압박을 가했거든요, 그랬더니 한동안 매출이 오르더라고요. 그런데 그 오른 매출이라는 것이, 알고 보니 기존 회원들의 계약 연장을 미리 만드는 것이었어요. 당연히 할인율을 높게 제시할 수밖에 없었겠지요. 왼쪽 호주머니에 있던 돈이 오른쪽 호주머니로 간 것뿐이었는데, 저는 새로 들어온 돈으로 착각하고 있었던 거예요"라는 그의 답변에서 많은 것들이 떠올랐다.

미국 애리조나 주립대학의 리사 오르도네즈^{Lisa Ordonez} 교수가 "목표를 높게 설정하면 일시적인 결과는 얻을 수 있을지 모르나 비윤리적 행동을 조장한다"라는 내용의 논문 *The dark side of consecutive high-performance goals: Linking goal setting depletion, and unethical behavior(2013)*을 발표했다. 목표가 너무 높으면 시작도 하기 전에 포기하게 하거나, 의도치 않은 부작용을 낮게 될 가능성이 높다는 것이다.

연구 방법 연구진이 실험 대상자로 모집한 학생의 수는 총 159명이다. 이들을 무작위로 다섯 개의 소그룹으로 나누고 각 그룹에게 서로 다른 목표를 제시한다. 참고로 그룹별 분류는 다음과 같이 했다.

A그룹: 높은 목표(high)
B그룹: 낮은 목표(low)
C그룹: 처음에 낮은 목표로 시작해서 차츰 올라감(increasing)
D그룹: 처음에 높은 목표로 시작해서 차츰 내려감(decreasing)
E그룹: 구체적인 목표 없이 '최선을 다하라'는 말만 전달(DYB)

각 라운드는 20개의 문제로 이루어져 있으며 참가자들은 총 5개 라운드의 과제를 수행해야 한다.

A그룹: 최소 12개를 풀어야 한다는 높은 목표가 주어짐
B그룹: 최소 3개를 풀라는 낮은 목표가 주어짐
C그룹: 처음에는 목표를 3개로 주었다가 라운드가 진행되면서 6, 9, 12, 15개로 올라감
D그룹: 처음에는 15개의 높은 수치로 시작해서 12, 9, 6, 3의 순서로 내려감

E그룹: 특별한 목표치 없이 가능한 한 많은 문제를 풀라고만 지시함

그리고 라운드를 시작하기 전에 모든 참가자를 대상으로 라운드별 피로도를 스스로 기록하게 했다. 또한, 참가자들에게 자신이 맞힌 문제의 개수를 스스로 기록하게 해서 어느 그룹의 참가자들이 남을 속이는 행동을 더 많이 하는지에 대한 비윤리적 행동도 살펴보기로 했다.

목표 그룹별 결과

그룹	목표	결과	피로도	비윤리
A	High	5.63	4.07	0.94
B	Low	4.73	2.43	0.11
C	Increasing	5.48	3.09	0.45
D	Decreasing	4.53	3.97	0.85
E	DYB	5.74	3.62	0.3

* High: 높음, Low :낮음, Increasing: 점차 끌어올림,
Decreasing: 점차 낮춤, DYB: (구체적 수준 없이) 최선을 다하도록 함

연구 결과 A와 E의 성적이 가장 좋다. 그러나 A의 피로도는 4.07, 비윤리적 행동 지수는 0.94로 각각 1위다. 반면 각자의 자율성에 목표 달성을 맡긴 E의 경우 가장 좋은 성적을 내면서도 피로도는 3위(3.62), 비윤리적 행동 지수는 4위(0.3)를 기록한다. 이 말은 너무 높은 목표를 부여할 경우 수치 목표에 대한 달성 가능성은 열

려 있을 수 있으나 반대의 역작용도 같이 동반된다는 의미를 품고 있다. 중장기적 관점으로 봐서는 조직에서는 결코 바람직하지 않은 목표 설정 방법이라고 말할 수 있다. 반면, 목표를 멤버들의 자율에 맡긴 E그룹의 경우 가장 좋은 결과(5.74)에 적당한 피로도(3.62)와 높은 윤리 지수(0.3)를 유지하고 있다. 일하는 사람 각자의 자율에 맡기는 것이 효과가 크다는 점을 시사한다.

작은 성취감에서 시작된 전국 1위

부연하여 새롭게 만들어진 팀이거나 새롭게 팀에 합류한 멤버가 있다면 그런 멤버에게는 오히려 목표를 살짝 낮게 설정해주어 성취감을 맛보게 하는 것이 좋다. 이런 방식으로 선수들을 훈련시켜서 좋은 결과를 낸 스포츠 팀의 감독이 있다. 일본의 아오야마가쿠인 대학의 마라톤 감독 하라스스무原晋의 이야기다.

일본에서는 새해가 되면 이틀간 전국의 모든 대학이 참여해 우열을 가리는 마라톤 대회가 열린다. 일명 하코네에키텐이라는 이름의 1920년에 시작된 유서 깊은 대회다. 도쿄~하코네 구간의 217.1킬로미터를 10구간으로 나누어 10명의 주자가 이틀간 릴레이를 해서 우승 팀을 가리는 시합이다. 달리는 선수들의 모습이 24시간 생중계로 방송되기 때문에 일본의 모든 대학들이 학교의 이름을 알리기 위해 꽤나 공을 들이는 대회이다. 뿐만 아니라 이곳에서 좋은 성적을 내는 학교는 봄부터 진행되는 4학년 학생들의 취업률에도 상당히 큰 영향을 미친다.

워낙 많은 대학이 참여하다 보니 우승 타이틀을 거머쥐기가 쉽지 않다. 이런 상황에서 팀을 맡은 지 4년 만에 최하위의 팀을 3년 연속 우승으로 이끈 감독이 있다. 바로 아오야마의 하라스스므 감독이다. 아오야마는 일본의 명문 사립대학으로 롯데그룹의 신동빈·신동주 형제가 공부한 곳이기도 하다. 최근 이곳이 일본 언론의 열띤 주목을 받고 있다. 이유는 이 학교의 마라톤 팀이 100년 역사의 유서 깊은 마라톤 대회에서 전무후무한 3연승을 거두었기 때문이다.

100위 하던 꼴찌 팀을 4년 만에 전국 1위로 만든 비결을 묻는 기자의 질문에 그가 이렇게 말했다. "작은 성취감입니다. 우선은 작은 성취감을 맛보게 한 후에 자신감을 갖게 하는 것이지요. 처음부터 무리하게 욕심부리면 희망이 사라져버립니다. 우선은 희망을 품게 하고, 노력하면 그 희망이 현실이 된다는 믿음을 주는 것이 중요합니다." 그러면서 마라톤 팀에 새로 들어온 학생들을 대상으로 수집한 실험 기록을 보여주었다.

성공 체험에 따른 기록 변화 2

이름	1	2	3	4	5	6
1차 기록	42.3	39.2	41.3	40.5	39.6	41.1
조작된 기록	39.3	36.2	38.3	조작 없음		
2차 기록	39.9	37.1	39.3	40.7	41.1	40.9

신입 부원 여섯 명이 있었다고 한다. 우선 그들로 하여금 하프 마라톤을 뛰게 한 후에 기록을 측정한다. 1차 기록은 그들의 실제 기록이다. 그리고 일주일 후, 다시 하프마라톤을 뛰게 했다. 그런데 이번에는 1~3번의 선수에게는 가운데 있는 조작된 기록을 보여주고 4~6번의 선수에게는 그들의 실제 기록을 보여주었다. 향상된 기록을 보여주는 것과 변하지 않는 기록을 보여주었을 때의 행동 변화를 알아내기 위해서 실험한 것이라고 한다.

1~3번의 선수가 받은 기록은 하라스스므 감독이 만든 조작된 기록이다. 일주일 사이에 이런 향상된 기록이 나올 리가 없다. 그런데 다음의 실험 결과는 놀라웠다. 조작된 기록 후에 측정한 2차 기록을 한번 보도록 하자. 조작된 기록을 받은 1~3번의 선수들이 달성한 기록이 조작된 기록과 거의 비슷하다. 반면, 조작된 기록을 받지 않은 4~6번 선수의 기록은 1차 때와 비슷한 패턴을 유지하고 있다. 그야말로 피그말리온 효과의 전형이라고 말할 수 있는 것이다.

역시나 가장 좋은 건 스스로 목표를 설정해서 달성하게끔 유도하는 것이다. 그러나 이 단계에 들어가려면 자율 조직이 완성되어 있어야 한다. 우선은 작은 성공 체험을 통해 자신감을 갖도록 하는 게 좋다. 이후 건전한 조직 문화의 힘으로 스스로 목표를 설정하고 달성하게끔 유도하는 것이다. 압박하면 꼼수가 나온다.

2장

마음의 작동법

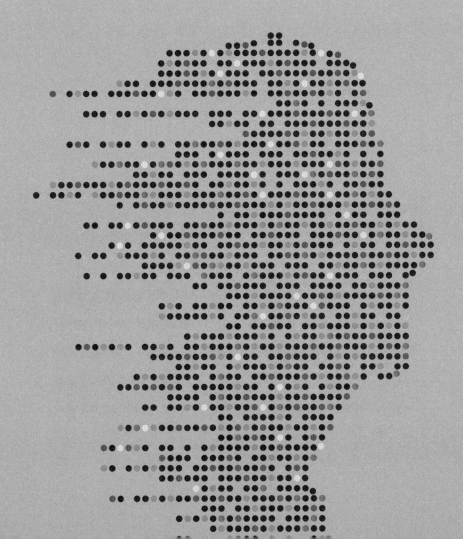

5
업무에
의미를 부여해주자

Question

반도체 제조 · 공정회사에서 인사 업무를 맡고 있다. 현장 근로자들의 경우 아무리 회사가 잘 해줘도 경쟁사에서 급여를 더 준다고 하면 바로 그 경쟁사로 이동해버리는 일이 비일비재하다. 돈에 움직이지 않을 수는 없겠지만 그래도 함께한 '정情'이라는 것이 있는데, 이럴 때는 정말 서운한 마음이 드는 것도 사실이다. 사람들의 마음을 잡을 수 있는 효과적인 수단이 있으면 소개 바란다.

어느 회사에서 있었던 일이다. 참고로 이 회사는 코로나로 큰 수혜를 받은 회사 중의 하나다. 갑자기 밀려드는 주문에 모든 직원이 수개월을 휴일도 잊고 회사에 출근해 일했다고 한다. 겨우 코로나가 잠잠해지고 물량 공급도 어느 정도 안정적으로 확보되는 듯해서 이제 겨우 정상적인 생활을 하겠구나 생각했는데… 대표가 해외 수출의 판매량을 늘려야 한다며 직원들을 다시 압박하기 시작했다고 한다.

관리이사가 걱정이 되어 직원들을 격려하는 이벤트라도 열자고 제안을 하자, 대표는 "그럽시다. 뭐니 뭐니 해도 요즘 대세는 트로트이니 유명한 트로트 가수 불러서 얼굴 보여줍시다. 그 정도 해주면 우리 회사 최고라고 생각하고 열심히 일하지 않겠습니까?"라고 말했다고 한다. 그러고는 신이 나서 직접 기획하고 섭외하는 등 본인이 도맡아 진행했다고 한다. 그런데 알다시피 이름이 널리 알려진 유명 뮤지션을 초청하려면 거액이 들어간다. 큰돈을 들여 기획한 행사인 만큼 만족도가 높게 나올 거라고 예측했으나 결과는 대참패였다. 오히려 불만의 목소리만 높아졌고, 행사가 끝나고 회사를 그만둔 이도 생겨났다고 한다. 무엇이 문제였을까?

결론적으로 말하면, 대표는 직원들을 너무 하찮게 본 것이다. 그저 유명인 얼굴 한번 보여주면 모두가 대만족할 것이라고 생각한 것이다. 사실 직원들은 대표의 '여러분, 지난 몇 달간 정말 고생하셨습니다. 저와 같이 조금만 더 뛰어 봅시다'와 같은 따뜻한 말 한마디가 듣고 싶었는데 말이다. 때문에 많은 돈을 쓰고도 전혀 직원들의 마음에 감동을 주지 못한 것이다. 다시 말해서 의도했던 결과로 전혀 이어지지 못한 것이다. 동기부여 분야에서 가장 유명한 애덤 그랜트^Adam Grant 교수의 글을 읽으면 사람의 마음이 그렇게 단순하지 않다는 사실을 깨닫게 된다. 다음은 그랜트 교수가 저술한 《기브 앤 테이크》라는 책에 실린 동기부여와 관련된 실험 내용이다.

애덤 그랜트의 놀라운 실험들

애덤은 미국 서부에 위치한 콜센터에 근무하는 평균 6개월 이상 경력의 직원 302명을 대상으로 어떠한 동기부여를 갖고 있는지 알아보기 위해 모종의 연구를 진행했다. 내적 동기와 외적 동기를 독립변수로 넣었을 때 어떤 현상이 발생하는지 알아보기 위한 것이다.

내적 동기와 외적 동기의 강화는 다음과 같이 이루어졌다. 직원들이 콜센터 직원으로서 고객들에게 어떤 도움을 주고 있는지에 대해 토론하게 하고 자신이 도움을 주고 있다는 확신을 갖게끔 설계가 되었다. 반면, 외적 동기의 강화는 직원 1인당 200건의 전화 판매를 하도록 목표를 주고 그 목표에 가까워지거나 목표를 초과할 경우에 일정액의 현금을 보상으로 주는 프레임으로 설계가 되었다. 그리고 이들에게 일정한 전화 판매를 진행하게 해서 그 성공률을 측정했다.

연구 결과 1 4개 집단의 시간당 창출 이익은 다음의 순서로 나왔다. B그룹(375)-내적 동기는 높으나 외적 동기가 낮은 그룹, A그룹(285)-내적 동기도 외적 동기도 높은 그룹, D그룹(251)-내적 동기도 외적 동기도 낮은 그룹, C그룹(234)-내적 동기는 낮으나 외적 동기가 높은 그룹의 순이다. 결과적으로 가장 좋은 결과를 낸 집단은 내적 동기가 높고 외적 동기는 약한 그룹이었다. 다음으로는 내적 동기도 높고 외적 동기도 높은 그룹이었다.

성공 체험에 따른 기록 변화 2

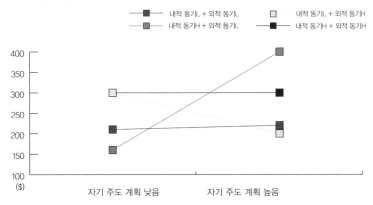

자료: 신병철, 《논백 리더십 전략》, 휴먼큐브(2018)

연구 결과 2 이번에는 목표를 스스로 결정하는 경우와 회사에서 목표를 정해주는 경우로 상황 설정을 바꾸어 보았다. 앞의 실험에서 언급한 4개 그룹을 대상으로 스스로 목표를 설정한 내적 동기 그룹과 회사에서 설정해서 직원들에게 목표를 할당한 외적 동기 그룹으로 나누어서 콜센터 직원들의 업무 성과를 측정해보기로 한 것이다. 결과는 흥미롭게도 이전 연구 결과와 동일하게 나왔다.

시간당 창출 이익을 가장 많이 이루어낸 그룹은 역시나 내적 동기가 높고 외적 동기가 낮은 B그룹이었다. 반대로 성과가 가장 낮은 그룹은 내적 동기도 낮고 외적 동기도 낮은 D그룹이었다. 역시나 성과를 가장 많이 내는 조직은 강압적인 지시에 의해서 움직이는 조직이 아니라는 사실이 확인된 것이다. 스스로 목표 설정을 하고, 그 목표를 어떻게 달성할 것인가도 스스로 정하는 조직이 퍼펙트한 조직으로 나타난 것이다. 이 말은 '셀프 모티베이션을 이끌어내기 위한 일의 의미 부여는 또 어떻게 만들어낼까?'에 대한 고민으로 이어지게 된다.

무엇이 의미 부여를 이끌어내는지에 대한 연구도 그랜트 교수의 것이 가장 유명하다. 지금은 세계 최고의 상경대학 중 하나인 펜실베이니아 대학의 와튼스쿨^{Wharton School}에 재직하고 있지만, 그가 미시간 대학에 있을 때 무척이나 흥미로운 실험을 진행한 적이 있었다. 역시 위의 실험에 등장하는 콜센터 직원들을 대상으로 한 동기부여 실험이다. 미국의 대학들이 모두 그러하듯이 미시간 대학 또한 학교 운영에 필요한 재정적 부담의 대부분을 동문들이 내는 기부금에 의존하고 있었다. 모금을 전문으로 하는 콜센터까지 마련되어 있었고 대략 40명 정도의 상담원이 상주하며 매일 수백 명의 동문들에게 기부를 요청하는 전화를 한다고 한다.

그런데 콜센터 모금액이 해마다 줄어드는 상황에 놓이게 되었다. 위기감을 느낀 학교는 그랜트 교수에게 모금액 증진을 위한 아이디어를 요청했다. 요청을 받은 애덤 그랜트는 콜센터에 근무하는 직원들의 사기가 말할 수 없이 떨어진 탓에 모금액이 줄어들고 있음을 알게 되었다. 또한 직원들의 이직률도 계속 늘어나고 있는 상황이어서 애덤 그랜트는 그의 전공인 '의미 부여=동기부여=성과 향상'의 메커니즘을 학교 측에 제안하기에 이르렀다.

콜센터 직원들에게 그들이 모금한 기부금으로 공부하고 있는 학생들과의 만남을 주선한 것이다. 애덤 그랜트는 콜센터 직원들을 면담할 예정인 학생들에게 이렇게 말해줄 것을 부탁했다. "돈이 없어 학업을 포기할까도 생각했으나 여러분이 만들어준 돈으로 지금은 열심히 학업에만 전념하고 있어요. 여러분께 말로 다 할 수 없는 큰 감사를 드려요"라는 말이었다. 눈물을 글썽이며 말하는 학생들의 진심 어린 증언은 대면하고 있던 콜센터 직원들의 마음에 큰 파도를 불러일으킨다.

이후 어떤 결과가 일어났을까? 1개월 후, 애덤 그랜트와 그의 동료 연구원들은 놀라운 결과를 얻게 된다. 학생들과 면담 시간에 참석했던 상담원들과 그런 기회를 갖지 못한 상담원들 사이에 엄청난 차이가 발생했기 때문이다. 우선 학생들과 면담했던 상담원들의 성과를 분석해보았다. 그들은 이전에 자신들의 기록에 비해 평균 2배 이상의 통화 시간을 가졌으며 일주일의 평균 모금액도 약 2.7배나 향상된 결과를 보여주었다.

면담을 갖지 못한 30명의 다른 상담원들의 1인당 주 평균 통화 건수가 13.94건인 데 비하여 학생들을 직접 대면한 상담원들의 평균 통화 건수는 38.12건으로 나타났다. 기부를 약속한 기부자들의 수에도 차이가 있었다. 학생들과의 면담을 접하지 못한 상담원이 1인당 주 평균 15.85명의 기부자 서약을 받은 반면, 장학금을 수령하고 있는 학생들과 직접 대화를 나눈 상담원의 경우는 27.90명으로부터 기부를 약속받았다. 통화 건수, 기부 서약 모두 2배 정도 높은 성과를 낸 것이다. 2005~2006년에 걸쳐 2년 동안 실시되었던 미시간 대학교 콜센터의 실험 결과는 이후 〈Organizational Behavior and Human Decision Processes〉라는 국제 저널에 동기부여의 사례 연구로 실리게 된다.

주위의 호평에 고무된 애덤 그랜트는 예전에 잠깐 근무한 적이 있는 레츠 고$^{Let's Go}$라는 여행사를 찾아갔다. '레츠 고'는 북미 지역 테마파크를 찾는 여행객들을 위한 다양한 여행 패키지를 제공하는 회사로서 애덤 그랜트는 한때 그곳에서 여행객을 안내하는 투어 가이드로 일한 적이 있었다. 사실 그가 이곳을 방문한 이유는 과거에 경험했던 사고 때문이었다. 자신이 인솔한 여행객 중 한 명이 놀이공원의 안전 불감증 때문에 사망하는 사고가 발생하면서 안전 요원의 직업의식에 대해 심각하게 고민해본 적이 있었기 때문이었다.

그랜트 교수는 테마파크 회사의 협조를 얻어 안전 요원들을 대상으로 한 가지 재미있는 실험을 하기로 했다. 위험한 사고의 순간에 구호 장비 덕분에 생명을 구한 여행객과 일대일 인터뷰를 하는 시간을 마련한 것이다. 고객들로 하여금 안전 요원들에게 "아마도 안전 요원의 적극적인 '구호 장비 점검'이 없었더라면 저는 더는 이 세상 사람이 아니었을 거예요"라고 말하도록 상황을 설정했다.

그런데 이런 고객의 증언을 들으면서 안전 요원들은 자신이 담당하고 있는 구역의 고객에 대한 안전은 물론, 시설에 대한 점검도 더욱 꼼꼼히 챙기는 행동을 보였다고 한다. 캘리포니아에 위치한 5개의 테마파크에서 실시된 '안전 요원 동기부여'의 실험 결과는 다음과 같이 나왔다. 고객과의 대면 인터뷰를 실시한 안전 요원의 사고율이 인터뷰를 하지 않은 지역의 안전 요원에 비해 2분의 1만큼 낮게 나온 것이다.

다음 해, 애덤 그랜트는 "취업 센터 직원이 구직 서류를 작성한 사람과 직접 대면한 경우에 그냥 서류만 다룬 직원보다 30퍼센트 더 높은 취업 성공률을 보이는 결과를 낳는다"라는 또 하나의 데이터를 발표한다. 이러한 연구 논문을 계속 발표하면서 애덤 그랜트는 조직 행동Organization Behavior 학계의 떠오르는 별이 된다. 그리고 마침내 33세라는 젊은 나이에도 불구하고 미국의 5대 MBA 스쿨 중의 하나인 와튼스쿨의 정교수로 부임하게 된다.

혐오시설이 사랑받는 이유

일에 대한 의미 부여를 위해 '업^業의 개념'까지 뜯어고친 회사가 있다. '이시자카산업^{石坂産業}'이라는 회사다. 지금 일본에서 뜨거운 주목을 받고 있는 혁신기업이기도 하다. 이 회사가 하는 일은 산업폐기물의 처리다. 사회혐오 시설이라고도 말할 수 있다. 이런 기업이 요즘엔 오히려 친환경의 대명사가 되어 지역 주민들의 사랑을 듬뿍 받고 있다. 산업폐기물 처리 전문 업체 이시자카산업의 대표를 맡고 있는 이시자카 노리코^{石坂典子} 씨의 이야기를 잠시 해 보겠다.

도쿄 서부의 부도심 이케부쿠로역에서 출발하는 도부도조선 전철을 타고 30분쯤 가면 후지미노역이 나온다. 여기서 택시로 20분쯤 더 가면 울창한 산림으로 둘러싸인 큰 공장 4곳이 나오는데, 이곳이 바로 연간 3만 명의 방문객을 맞이하고 있는 친환경 쓰레기 처리 업체 이시자카산업이 있는 곳이다.

우리도 그렇지만 일본도 자신이 거주하는 지역에 사회혐오 시설이 들어오는 것을 반길 사람은 없다. 특히나 산업폐기물 처리와 같은 소각장을 가지고 있는 업체의 경우는 더욱더 반발이 거셀 수밖에 없다. 일하는 사람들의 업무 의욕이 떨어지는 것도 당연했다. 쓰레기 처리업 일을 하면서 지역 주민들의 비난에도 시달리는 최악의 근무 환경이었던 것이다.

이래서는 사업을 이어갈 수 없겠다고 판단한 이시자카 사장은 한 가지 대변혁을 시도한다. 그들이 거주하고 있던 공장 주변을 공원화하는 그린 프로젝트였다. '이런 시도를 통해 지역 주민들의 사랑을 받고 또 그 사랑은 내부에서 일하는 직원들에게도 큰 기쁨을 주게 될 것이다. 그런 기쁨이 더욱더 환경 친화적인 기업으로 나아가는 동기부여로 이어질 것'이라는 신념으로 산업폐기물 처리 기업을 친환경 기업으로 바꾸기로 한 것이다.

생각이 여기에 이르자 이시자카 사장은 당장 공장 주변을 공원화하는 작업에 착수했다. 한 달간 공장 문을 닫고 100여 명에 이르는 직원들 전부를 공장 공원화 작업에 투입했다. 공장도 지붕을

이시자카산업의 그린 프로젝트

씌워서 분진이나 소음이 외부로 새어 나가지 못하게 했다. 처음엔 반신반의하던 직원들도 동네 아이들이 자신들이 꾸민 공원에서 즐겁게 뛰어놀자 오히려 더 적극적으로 공장 주변의 청결 운동에 앞장섰다.

이때부터는 본인들이 나서서 마을의 버려진 뒷산을 개간하여 공원을 만들고 그곳에 수천 그루의 나무도 심고 각종 곤충도 실어날라서 풀어놓았다. 그 결과 산업폐기물 처리 공장은 반딧불이와 아이들의 놀이터가 되었다. 그리고 지금은 지역 주민과 함께하는 숲 재생 프로젝트라는 이벤트까지 벌이고 있다.

사람의 마음은 단지 돈만으로 움직이는 것이 아니라는 말을 하려고 몇 가지 사례를 들어본 것이다. 일단은 직원들이 원하고 바라는 것이 어디에 있는지를 먼저 파악할 필요가 있다. 실험에서도 나타나듯이 주 관심 사항 이외의 부수적인 것들은 그리 크게 눈에 들어오지 않는 법이다. 의미 부여와 동기부여로 연결할 수 있는 포인트가 어디에 있는지 파악한 후에 그곳을 집중적으로 공략하는 경영 전략이 필요하다.

6
자유의지를
주어라

Question

전국 단위의 패밀리 레스토랑을 운영하고 있는 회사다. 경쟁 업체의 증가와 가맹점의 포화에 따라 신규 사업을 검토하고 있다. 가맹점에 필요한 식자재 공급을 위한 신규 법인을 생각하고 있다. 기존에 해왔던 일과 연관성도 있고 해서 외부 수혈보다는 내부 충원을 검토하고 있다. 어떤 기준이나 방식으로 인력을 선발하는 것이 좋겠는가?

이기적 기쁨이 되었든 이타적 기쁨이 되었든, 일에 대한 의욕을 안겨주는 동기부여는 내 삶에 의미를 부여함과 동시에 내가 하는 일에 대한 강력한 추진제가 된다. 끌려가는 삶이 아닌 내가 주도하는 삶을 만들기 위해서는 스스로 일에 대해 동기부여를 찾아야만 한다. 주도적으로 그 일을 추진하게끔 하기 위해서는 '무엇이 나의 마음을 움직이게 하는지?'를 알아야 한다. 본인 스스로 찾으면 더할 나위 없이 좋겠지만 그것이 어려운 상황이면 조직이 찾아서 제시해주는 것도 좋다. 스티븐 코비 박사의 《성공하는 사람들의 7가지 습관》에서 언급된 첫 번째 습관이 '자기 주도'에 있음을 잊지 말자.

'자기결정 이론'에서 가장 유명한 사람은 미국 하버드 대학 심리학과의 엘런 랭거^{Ellen Langer} 교수다. 그는 아직 박사과정에 재학 중일 때 재미있는 실험 하나를 했다. 요양원에 있는 노인들을 대상으로 자기 주도적 생활환경이 수명에 어떤 영향을 미치는지를 알아보기로 한 것이다. 1976년 미국 코네티컷 주의 어느 한적한 시골 마을에 위치한 아덴하우스^{Adenhouse}라는 이름을 가진 요양원에서 있었던 일이다.

연구진은 거동이 불편한 노인들을 우선 두 개 그룹으로 나누었다. A그룹에는 인테리어나 가구 배치를 마친 방을 주었고, B그룹에는 자신의 방에 필요한 가구와 인테리어를 본인이 직접 선택하게 했다. 그리고 두 부류의 노인들은 각자 조그마한 화분 하나를 가꾸도록 요청을 받았다. A그룹의 경우는 요양원이 이미 정한 화분을 간호사가 키우게 하고, B그룹의 노인들은 넘겨받은 화분을 본인이 직접 키우도록 요청을 받았다. 모두가 조금 이상하게 생각했지만 특별한 불만 없이 실험에 동참해주었다. 그리고 18개월이 흘렀다.

이 실험이 의도했던 바는 선택권이 어떤 영향을 미치는지를 알고자 함이었다. 스스로가 선택권을 가지고 행동으로 옮기는 집단과 타인에 의해 이미 선택이 끝난 상황에서 생활하고 있는 집단 사이에는 어떤 환경 변화가 일어나는가를 알아내는 것이 주목적이었다. 즉, 모두에게 선물로 나누어준 화분에 어떤 변화가 일어나는지 알아보려 했던 것이다. 하지만 연구진은 다소 엉뚱한 방향에서 예상하지 못한 놀라운 결과를 손에 넣게 된다. 바로 실험에 참여한 노인들의 생존율에 있어서 A그룹과 B그룹 사이에 큰 차이가 발생했기 때문이다.

실험이 시작되고 1년 반이 지난 후 연구진은 아덴하우스를 방문했다. 그리고 환경에 따라 노인들의 생존율에 차이가 있음을 발견한다. 이미 타인에 의해 생활환경이 정해진 A그룹의 경우 실험이 시작된 후에 15명이 세상을 떠났다. 반면, 스스로의 선택으로 주변 환경을 구성한 B그룹 노인들의 사망자 수는 A그룹의 절반 정도인 7명에 머물러 있음을 확인한 것이다. 실험에 참여한 노인들의 숫자 및 신체 건강은 양쪽 다 균등한 조건으로 구성되었기 때문에 2배에 이르는 사망률의 차이는 연구진에게 큰 충격을 안겨주었다.

이른바 '통제의 환상illusion of control'이라고 이름 붙여진 이 실험에서 힌트를 얻은 연구진은 여세를 몰아 '마음의 시계counterclockwise'라는 연구를 하게 된다. 시간을 거꾸로 돌리는 매혹적인 심리 실험 '마음의 시계'는 다음과 같다. 연구진은 우선 외딴 시골 마을에 8명의 노인을 불러 모았다. 마치 타임머신을 타고 20년 전으로 돌아간 것처럼 1959년의 풍경으로 가득 꾸며진 집에 모인 70대 후반에서 80대 초반의 노인들은 가족이나 간병인의 도움 없이 일상 생활을 보내야만 한다. 모든 환경은 20년 전의 모습으로 설정되어 있다. 이런 상황에서 무엇을 먹을 것인지에 대한 결정부터 요리와 설거지, 청소 등과 같은 모든 육체적 활동을 본인 스스로 해결해야 한다.

TV, 신문, 전자 기기 등과 같이 생활에 밀접히 관련된 모든 것들에 대한 조작은 시간이 지나면서 노인들의 삶에 큰 변화를 불러 일으키기 시작한다. 신체적 나이가 조금씩 과거로 회귀하기 시작한 것이다. 이 실험은 마음의 시계를 거꾸로 돌린다면 육체의 시간도 되돌릴 수 있다는 뜻에서 '시계 거꾸로 돌리기 연구'라고 이름 붙여지게 된다. 랭거 교수는 여기서 얻은 데이터를 근거로 "주어진 환경과 본인의 의지는 신체 나이도 조절할 수 있다"라는 내용의 연구 결과를 발표했고, 이 논문은 세계 심리학계에 큰 파장을 불러일으켰다. 실험을 주도한 랭거 교수는 30대 초반의 젊은 나이에 세계 심리학계의 슈퍼스타로 등극하면서 여성으로는 최초로 하버드 대학교 종신교수직에 임명되었다.

청소가 아닌 운동이에요

'마음가짐이 중요하다'는 것을 입증하는 또 하나의 실험이 있다. 랭거 교수가 하버드대의 최연소 종신교수가 된 후 어느 정도 시간이 흐른 2007년에 실시한 실험이다. 보스턴 시내에 위치한 7개 호텔 청소원 84명이 대상이었다. 랭거 교수는 보스턴 시내의 각 호텔을 돌며 비만으로 고생하는 호텔 청소부 42명과 결손가정에서 자란 청소부 42명을 모집하여 A그룹과 B그룹으로 이름 붙이고 동기부여가 미치는 영향에 대한 실험을 진행했다. 각자에게 어느 특정한 매개변수를 가한 후에 그들 행동의 변화를 관찰하기로 한 것이다.

비만으로 고생하는 A그룹을 대상으로는 하루에 15개의 방을 치우는 것은 2시간 반의 운동량에 맞먹는다고 설명한 후에 이를 입증할 만한 자료를 보여주었다. 그리고 그들이 업무에 임하는 자세와 신체 내에서 일어나는 변화를 살펴보기로 한다. 결손가정 출신의 B그룹에게는 깨끗한 객실에 만족을 느끼고 떠나는 가족 고객의 사연을 영상 편지로 만든 후에 그 객실을 담당했던 청소부에게 보여주었다. 그리고 마찬가지로 이들에 대한 행동도 동시에 관찰하기 시작했다.

한 달이 지난 후 다시 호텔을 방문한 랭거 교수는 놀라운 사실을 목격하게 된다. 지금의 객실 청소를 일이 아닌 운동이라고 생각한 A그룹의 청소원들에게는 상당한 신체 변화가 일어났기 때문이다. 평균 30킬로그램의 체지방 감소는 물론이거니와 매끈하고

탄력 있는 피부로 변한 청소원들의 모습을 확인했기 때문이다. 또한 그들은 "모든 질병에서 해방되었다"라는 말도 했다. 더 나아가 근무 태도에도 큰 변화를 보였다고 한다. 매니저들의 말에 의하면 심지어 콧노래를 부르며 객실을 청소하는 청소원도 있었다는 것이다.

이러한 변화는 가족과 관련된 문제를 가지고 있었던 B그룹 42명에게도 나타났다. 자신이 청소한 객실에서 즐거움을 느끼는 가족들의 모습을 담아 청소원들에게 보여주자 깊은 감동을 받았다는 것이다. 행복한 가족들의 모습을 담은 비디오를 눈으로 본 B그룹의 멤버들은 이전보다 더 세심하게 객실을 관리했다고 한다. 심지어 자기 돈으로 산 꽃을 객실에 가져다 꽂아놓는 멤버들도 나타났다고 한다. 무엇보다도 우울한 분위기였던 표정이 밝고 긍정적으로 바뀌어 함께 일하는 동료들까지도 그들과 일하는 것을 즐거워하게 되었다고 한다.

이처럼 동기부여는 사람들의 마음을 움직여 일에 임하는 태도에 큰 변화를 일으키는 놀라운 힘을 가지고 있다. 그래서 모든 일은 동기부여로 이어지게 하라는 조언을 하는 것이다. 그런데 이런 동기부여를 만들기 위해서는 한 가지 선결 과제가 있다. '자신의 의사에 의해 결정했다'는 마음이 들도록 만들어야 한다. 이를 가리켜 '자기 결정'이라고 하는데, 이 분야의 세계적 권위자인 미국 로체스터 대학의 에드워드 데시$^{Edward\ Deci}$ 교수가 쓴 논문 *Self-Determination Theory: A Macrotheory of Human Motivation,*

Development, and Health(2008)을 가지고 설명하도록 하겠다.

연구 방법 1 연구진은 24개의 심리학부 학생들을 대상으로 A와 B 두 그룹으로 나누어 소마퍼즐 게임을 하도록 했다. A그룹 학생들에게는 1일 차에는 아무런 보상을 주지 않다가 2일 차에는 시간 내에 맞추면 보상을 주겠다고 약속한다. 그리고 3일 차에는 다시 보상이 없다고 말한다. 반면 B그룹의 학생들에게는 1~3일 차 모두 아무런 보상이 없다고 말한다. 그리고 각 세션의 중간에 자유 시간을 설정하고 이 시간에는 원하는 것을 마음껏 할 수 있다고 말한다. 드디어 자유 시간이 되었고 사회자는 방을 나온다. 학생들이 자유 시간에도 퍼즐에 매달리는지 지켜보기 위함이었다. 이런 방법으로 3일 동안 실험이 진행되었다.

연구 결과 1 첫날 두 그룹은 퍼즐을 맞추는 데에 각각 248.2초와 213.9초로 비슷한 시간이 걸렸다. 그런데 둘째 날에는 보상을 받게 된 A그룹은 313.9초, 보상을 받지 못하는 B그룹은 205.7초로 차이가 났다. 그리고 셋째 날이 되었다. 전날에는 보상을 받았으나 다시 받지 못하게 된 A그룹은 198.5초로 시간이 확 짧아졌다. 반면에 보상이 계속 없는 B그룹은 퍼즐을 맞추는 데 241.8초로 시간이 더 걸렸다. 결국 A그룹은 첫날보다 셋째 날 퍼즐에 열중하는 시간이 49.7초 감소하는 결과를 갖게 되었다. 보상을 주다가 안 주니 그 효과가 49.7초 감소하게 된 것이다. 보상을 주면 효과가 있지만, 주다가 안 주면 오히려 더 심한 마이너스의 상태가 발생하는 것이다. 반면 B그룹은 꾸준히 퍼즐을 맞추는 행동이 지속되고 시간도 27.9초 늘어나는 결과를 보여주었다.

소마퍼즐 게임의 일차별 비교

그룹	1일 차	2일 차	3일 차	3일 차 −1일 차
A그룹	248.2	313.9	198.5	−49.7
B그룹	213.9	205.7	241.8	27.9

연구 방법 2 두 번째 실험은 실험 1과 유사한 현장 실험이었지만 자연스러운 환경에서 수행되었다. 대학신문에서 일하고 있는 8명의 학생들을 대상으로 요일을 달리하여 A와 B의 두 그룹으로 나누어 그들의 행동을 관찰하는 실험이다. 학생들은 자신이 관찰되고 있다는 사실을 알지 못했으며, 중간에 세 번의 공백 기간을 주면서 10주간 관찰하는 실험이었다. 학생들은 정해진 날짜에 학교 신문사에 나와 교지의 헤드라인을 작성하도록 요청받았다.

1일 차 작업이 끝나고 A그룹에게는 다음번 작업에서는 헤드라인 수에 따라 각자 50센트의 보상이 주어질 것이라고 말했다. 2일 차가 끝난 후에 그들은 약속된 돈을 받게 되지만 3일 차 이후에는 돈이 떨어져서 더는 금전적 보상이 없을 것이라는 공지를 받았다. **연구 결과 2** 보상을 약속받은 A그룹이나 보상이 없는 것을 알고 있는 B그룹이나 1~2일 차에서 보여준 작업 속도는 거의 비슷하였다. 그러나 A그룹의 경우 보상이 없다는 사실을 알게 된 3일 차에는 작업 속도에 다소 변화가 발생했다. 작업 시간이 더 소요된 것이다. 반면 처음부터 보상이 없다는 사실을 알고 있었던 B그룹의 경우는 3일 차의 작업 속도가 훨씬 빨라지는 결과를 보여주었다. 연구진은 효과의 안정성을 측정하기 위해 실험이 끝난 후에도 2주 동안 학생들을 관찰해보기로 했다(4일 차). 3일 차와 4일 차 사이에는 5주간의 시차를 두었으며 결과는 3일 차와 비슷하게 나왔다.

헤드라인 기사 작성 시간의 일차별 비교

그룹	1일 차	2일 차	3일 차	4일 차	3일 차 -1일 차	4일 차 -1일 차
A그룹	22.39	20.34	21.35	20.05	-1.04	-2.34
B그룹	22.19	20.97	12.60	13.79	-9.59	-8.40

뭔가 보상을 약속하고 어떤 일을 시키는 것은 기대치에 못 미치는 결과로 이어질 가능성이 높다는 점을 강조하고 싶어서 데시 교수의 실험을 가져와보았다. 이를 가리켜 '이프^{If}~ 덴^{then}~' 효과라고 하는데, '이걸 하면 저걸 줄게'라는 당근 효과는 큰 효과가 없다는 것이다. 그보다는 모든 일을 스스로의 자유의지에 맡기는 '자기 결정'으로 이루어지게끔 설계하는 것이 원하는 목표를 달성할 가능성이 높아진다는 것이다.

너는 그냥 밥상만 차리면 돼!

조직의 상황에서도 마찬가지다. 너무 지나치게 외적 보상을 약속하고 일을 시키는 상사는 나중에 좋지 않은 성적표를 받아들 가능성이 높다. 외적 보상을 약속하면 그 대상에 대한 자발적 동기가 오히려 떨어지기 때문이다. 예를 들어, 어떤 아이에게 문제를 풀 때마다 아이스크림을 준다고 해보자. 아이는 문제 자체보다는 아이스크림에 더 많은 관심을 보일 것이다. 때문에 '이프~ 덴~'의 제안보다는 마음의 불을 당기는 내적 동기부여 요소의 발굴에 집중하는 것이 도움이 된다.

우선은 스스로 자유의지로 선택했다는 자기 결정의 심리를 심어주고 마음의 불씨를 당기는 요소를 찾아서 그걸 직원들의 마음속에 심어주는 것이 좋다. 똑똑한 상사는 이런 메커니즘을 잘 활용한다. 멤버들을 사업의 초기 단계부터 참여시킬 뿐만 아니라 그들의 의견을 적극적으로 반영한다. 그리고 가장 의욕적으로 추진 의사를 밝힌 멤버로 하여금 주도적으로 일하게 한다. 반면, 모든 설계와 그림은 자기가 다 그려놓고 아랫사람에게는 결과만 내놓으라고 다그치는 상사가 있다. 내가 선택한 것도 아니고 내가 통제할 수 있는 것도 거의 없는 상황에서 의욕이라는 것이 생길 리만무하다. '재료는 싱싱한 것들로 내가 다 준비해놓았으니 너는 그냥 밥상만 잘 차리면 돼, 그 정도는 누워서 떡 먹기일 거야'라는 말과 크게 다르지 않기 때문이다.

그러나 밥상을 차리는 당사자 입장에서 본다면 의욕이 생길 리가 없다. 본인이 만들고 싶은 식단으로 구성되어 있지 않기 때문이다. 그러다 보니 식재료 또한 맘에 들 리가 없다. 심지어 본인이 싫어하는 식재료도 몇 개 놓여 있다. 냄새만 맡아도 알레르기 반응을 일으키는 식재료도 일부 눈에 띈다. 그래도 여기까지는 개인적인 상황이니 참고 밥상을 차릴 생각을 해본다. 나의 체질이 중요한 것이 아니라 손님 입맛에 맞는 밥상을 차리는 것이 더 중요하다는 공익적 차원에서 접근하기로 마음먹었기 때문이다. 그러나 이마저도 쉽지가 않다. 손님의 취향을 보니 A식단보다는 B식단이 훨씬 손님 입맛에 맞을 것 같은 느낌이 들어서다. 그러나 맘대로 식단을 바꿀 권한이 그에게는 없다. 그러다 보니 대충 차려주고 주방을 나가야겠다는 생각만 머릿속에 가득할 뿐이다.

프로젝트에 대한 추진 계획이 섰을 때는 가급적 담당자를 처음부터 그 계획에 참여하게끔 구조를 만드는 것이 좋다. 하고자 하는 사람에게 일을 맡기는 것과 전혀 의지가 없는 사람에게 일을 맡겼을 때 그 결과의 차이는 생각보다 크다. 사람은 자기가 선택한 것에 대해 애정을 갖고 무한 책임을 느끼는 존재이기 때문이다. 또한 자기 선택은 내재적 동기부여를 자극한다. 그런데 내재적 동기부여는 집중력과 인내력을 증가시키는 효과가 있기 때문에 이는 곧 성과로 연결되는 마법을 부리는 것이다.

7
권한 위양은
현장을 움직이게 한다

Question

외투 법인에서 일하고 있다. 우리 회사는 일일보고서를 써서 매일 본사에 제출하는 보고 체계를 운영하고 있다. 개인들은 매일 당일에 있었던 일과 익일에 해야 할 일에 대해 보고서를 작성해서 부서장에게 제출한다. 부서장은 또 그것들을 취합해서 대표에게 보고하고, 대표는 또 그것들을 정리해서 싱가포르에 있는 지역책임자에게 보고하는 관리 체계다. 이 제도가 과연 바람직한지에 대해 의견을 주면 고맙겠다.

극단적 전체주의 사회인 오세아니아, 이곳의 정치 통제 기구인 당은 허구의 인물 '빅 브라더'를 내세워 독재 권력을 극대화하는 한편, 정치체제를 유지하기 위해 텔레스크린, 사상경찰, 마이크로폰, 헬리콥터 등을 이용해 당원들의 사생활을 철저하게 감시한다. 그리고 당의 정당성을 획득하는 동시에 당원들을 통제하기 위해 과거를 끊임없이 날조한다. 존재하지도 않는 반역자 골드스타인을 내세워 사람들의 증오심을 부추기는가 하면 인간의 성욕까지 통제하려 든다. 주인공 윈스턴 스미스는 이러한 당의 통제에 반발을 느끼고 저항하기 시작한다. 그는 지하 단체인 '형제단'에 가입해 당의 전복을 기도하지만 함정에 빠지고 만다.

위의 내용은 조지 오웰의 《1984》를 요약한 것이다. 《1984》는 1949년에 발표된 디스토피아 소설이다. 당시 평론가들은 이 작품을 소련의 전체주의를 비판하면서 동시에 미래에 대해 예언하고 있다고 평했다. 조지 오웰은 이 작품을 1948년에 완성했는데, '1984년'이라는 제목은 '48'을 뒤바꾼 것이라고 한다. 이 작품에는 텔레스크린이라는 장치가 나온다. 텔레스크린은 수신과 송신을 동시에 행하여 어떠한 소리나 동작도 낱낱이 포착할 수 있게끔 만들어진 장치다. 사회를 통제하는 사상경찰은 텔레스크린을 통해 개개인을 감시하는데, 사람들은 오랜 세월 그렇게 지내다 보니 그런 삶에 익숙해져 버린다는 줄거리다.

이런 소설 같은 상황을 나는 현실에서 가끔 접할 때가 있다. 이렇게 경험한 사례 하나를 소개해보고자 한다. 나는 아는 지인의 소개로 일을 하는 경우가 많다. 물론 개인적인 연락처나 메일을 통해 면담 요청이 오는 경우도 있다. 하지만 이런 경우는 극히 드문 케이스로 대개는 아는 지인의 소개가 많다. "OOO 대표님의 소개로 연락을 드리게 되었다"라는 전화를 받으면 반드시 업체를 방문한다.

이유는 두 가지이다. 첫째는 해당 기업에서 만나서 이야기해야 상대방이 말하는 내용에 대한 진위를 정확히 진단할 수 있기 때문이다. 제3의 장소나 내 사무실에서 만나 대화를 나누게 되면 상대방이 말하는 내용에 대한 정확도가 현저히 떨어지기 때문이다. 두 번째는 공기를 느낄 수가 있기 때문이다. 개인적으로는 직업병이라고 생각한다. 면담을 요청한 고객사의 사무실이나 공장의 문을 열고 들어서는 순간 느껴지는 그 회사 특유의 분위기를 느끼고 싶어서다. 냄새와 공기의 질은 각 회사마다 다르다. JYP의 박진영 씨가 방송에서 "노래는 공기 반 소리 반"이라는 말을 한 적이 있는데, 나 또한 마찬가지다. 좋은 회사는 '절반의 맑은 공기와 절반의 밝은 미소가 느껴지는 곳'이라고 말하고 싶다.

소설 《1984》 같은 기업

수년 전에 있었던 일이다. 약속을 잡고 강북에 있는 어느 미용기기 제조회사를 방문한 적이 있다. 공장은 지방에 있고 내가 방문한 곳은 경영진과 영업부서만 상주해 있었다. 공장에서 일하는 사람들을 보는 것이 가장 정확하게 회사의 현주소를 알 수 있는 지름길이지만 그나마 서울 사무소에 있는 사람들의 일하는 모습을 보는 것도 다행이라 생각하며 발걸음을 재촉했다.

문을 열고 들어서는 순간 공기가 별로 좋지 않음이 느껴졌다. 전체적으로 공기가 무거웠다. 일하는 사람들의 얼굴에서도 전혀 미소를 찾아볼 수가 없었다. 누군가의 눈치를 보는 듯이 경직되어 있는 모습이 역력했다. 안내를 받아 들어간 대표이사 집무실에 들어서자 사방으로 CCTV의 모니터가 보인다. 영화를 보면 범죄 예방을 위해 수십 개의 모니터가 있고 그곳을 응시하며 범죄자를 쫓는 경찰들이 나오는 장면이 있는데, 마치 그런 곳에 와 있는 듯한 느낌을 받았다. 자리에 앉자마자 대표이사에게 질문을 던졌다.

"아니 저 모니터들이 다 무엇입니까?"

"아, 예, 저것이요… 공장에 있는 현장 근로자들을 감시하기 위해 설치한 CCTV예요. 저희 공장이 00에 있거든요. 그곳에서 일하는 사람들이 200여 명 정도 되는데 제가 그곳에 내려가지 않아도 저 모니터만으로 충분히 관리가 가능해서 얼마나 좋은지 모르겠어요."

상당히 뿌듯해하며 말하던 그 대표이사의 표정이 지금까지도 기억에 생생하다. 다소 생소한 장면이라 여러 가지로 궁금증이 일었다.

"공장에도 공장 책임자가 있고 관리팀이 있을 텐데, 굳이 이렇게까지 하실 필요가 있나요?"

궁금증을 해소하기 위해 계속해서 질문을 던져보았다. 그분의 답변이 이어진다.

"믿을 수 없어서 그러지요. 저런 시스템 구축하려면 돈이 얼마나 들어가겠습니까? 그런 돈 써가며 이렇게까지 하는 저도 얼마나 답답한지 아십니까? 그런데 저들을 믿을 수가 없어요. 공장장도 그렇고, 직원들도 그렇고, 저만 안 보이면 빈둥거린다니까요."

이 글을 읽고 있는 사람들 중 많은 분이 '이거 지어낸 이야기 아니야? 설마 저런 회사가 있을라고?' 하며 의구심을 가질 것이다. 하지만 이건 실화다.

그는 나와의 대화 내내 중간중간 모니터를 쳐다보았다. 그리고 약간 행동이 미심쩍은 직원이 보이면 바로 전화를 걸어 혼을 내고 지시를 내렸다. 그 행동은 흡사 《1984》에 나오는 '빅 브라더'의 모습인 동시에 텔레스크린을 쳐다보며 직원들을 감시하는 '빅 브라더'의 말이었다.

권한 위양이 안 되어 있기는 서울 사무소 간부들도 마찬가지인 듯했다. 일반 사원들이든 임원들이든 가리지 않고 대표의 사무실에 들어와 결재 서류에 사인을 받아 가는 것이 자연스럽게 보였기 때문이다. 보통의 회사라면 책임 라인이 있어서 보고 체계가 그 라인에 맞추어져 있다. 일이 잘못되면 바로 윗사람이 책임지게 하는 제도다. 하지만 이곳은 보고 체계의 라인은 있으나 그것은 형식적인 것이고 실제로는 대표가 모든 것을 결정한다고 인사 임원이 말했다.

내가 의아하게 생각했던 건, 위에 소개한 에피소드를 경험한 지 벌써 3년이 다 되어가는데도 여전히 이 회사가 살아서 움직이고 있다는 점이다. 정말 불가사의한 일이 아닐 수 없다고 생각했는데, 이 글을 쓰기 일주일 전에 이 회사가 문을 닫았다는 소문을 듣게 되었다. 코로나로 인해 시장 상황이 악화되어 회사가 망했는지, 아니면 이런 감시 체계에 직원들이 집단 퇴사해서 조직이 망했는지는 알 길이 없다. 아무튼 이 회사는 다른 기업에 인수가 되었고, 대표는 또 다른 회사를 차렸다는 소문만이 들려왔다.

나는 개인적으로 현장의 일은 현장의 담당자 그리고 책임자에게 맡겨야 한다고 생각하는 사람이다. 보이지 않는 본부에서 자의대로 판단하고 임의대로 결정을 내려서 현장을 통제하는 것은 옳지 않다고 생각한다. 현장 감각 없이는 현장의 상황에 대한 정확한 판단을 내릴 수가 없기 때문이다.

현장에서 답을 얻은 블랙앤데커의 책임자들

미국 MBA 경영 사례 중에 '현장의 이야기에 귀 기울여라, 권한을 위양하라'는 주제를 가지고 학생들을 위한 사례 연구의 정식 교과 과목으로 채택된 기업 이야기가 있다. 블랙앤데커^{The Black & Decker}라는 회사다. 다음은 그 회사에서 실제 있었던 이야기다. 최초로 하버드 경영대학원 로버트 돌란^{Robert Dolan} 교수가 소개했고, 지금은 많은 학교에서 경영 사례로 인용하고 있는 아주 유명한 이야기이다.

원래 블랙앤데커는 미국·캐나다 등 북미 시장의 가정용 전동공구 분야에서 매우 유명한 회사다. 가정용 전동공구로는 북미 지역뿐만 아니라 전 세계에서 1등을 하고 있는 브랜드라고 말할 수도 있을 것이다. 그러나 그들은 가정용 전동기구 1위를 넘어서 산업용 전동기구에서도 1위가 되기를 희망했다. 가정용 전동공구는 가격대가 40~50달러이지만 산업용 전동공구는 그보다 10배, 100배의 높은 가격대가 형성되어 있기 때문이었다.

그들은 이런 목표를 달성하기 위하여 천문학적인 금액의 광고비를 쏟아부었다. 그런데 시간이 지나도 상황은 나아질 기미를 보이지 않았다. 광고비는 계속 지출이 되고, 소비자의 반응은 없고, 그래서 경영진은 원인 분석에 나서기 시작한다. 유명한 컨설팅 회사에 용역을 주어 나름의 해법도 전해 받았다. 그들의 조언대로 다시 희망을 품고 광고 콘셉트를 바꾸어 마케팅 활동에 나서기도 했다. 그러나 이런 소모적인 활동을 벌인 지 어느덧 7년이 흘렀으나 아무런 성과가 없자 그들은 결국 제로베이스에서 접근해보기로 결론을 내린다.

어느 날, 회장이 전국의 지역 책임자들을 불러 모았다. 거기서 회장은 "앞으로 한 달 동안 해당 지역 책임자들이 산업용 공구를 쓰고 있는 회사를 직접 찾아가 해당 공구를 쓰고 있는 사람과 인터뷰를 한 후에 다시 모이자"라고 제안했다. 그러면서 어느 회사를 찾아가고, 누구와 만나서 어떤 대화를 나누고, 어떤 문제점을 도출하고, 어떤 해결책을 내놓을지에 대한 모든 것을 현장 책임자들에게 일임한다고 말했다. 또한 마케팅의 지역별 전략 수립도 현장 책임자들에게 일임한다는 말도 덧붙였다. 물론 그 안에는 각 조직의 운영 체계도 포함되어 있었다.

200개 지역의 현장 책임자들은 각자의 지역으로 돌아가 수십 곳의 고객을 찾아다니며 산업용 전동공구를 쓰는 사람과 인터뷰하고 식사하고, 그리고 그들의 의견을 담아서 보고서를 작성했다. 예전과는 사뭇 다른 분위기였다. 막중한 책임감과 사명감을 느끼는 듯한 인상이다. 현장 탐방의 시간이 종료되고 그들은 본사에 다시 모여서 지금까지 고객들과 함께하면서 있었던 경험을 가지고 워크숍을 진행했다.

실패 이유 현장 책임자들은 각자가 수집한 자료를 가지고 토론을 거듭해가면서 세 가지 의미 있는 결과를 도출해낸다. 외부 업체에 맡겨 조사해서 나온 보고서가 아닌 생생한 현장의 정보를 가지고 토의해서 얻은 의미 있는 결과였다.

첫째, 블랙앤데커는 가정용이라는 현장의 인식이 강했다. 좋은 공구일는지 모르지만 가정용 전동공구 회사라는 인식 때문에 산업 현장에서 쓰기를 꺼린다는 의견이 많았다고 한다.

둘째, AS에 대한 불신이었다. 가정용 공구는 고장이 나면 고쳐서 쓸 수 있지만, 산업 현장에서는 공구가 망가지면 일을 못 하게 된다는 불안감이 크다고 했다. 그래서 볼보 같은 중장비 회사에서 만든 제품을 더 신뢰할 수밖에 없다는 의견이 많았다.

셋째, 산업용 전동공구를 사용하는 작업 환경의 문제도 무시할 수 없다는 의견이 많았다. 공사 현장에서는 작업을 할 때 깔끔하게 정리하면서 하기 힘들다 보니 장비를 사용한 뒤에 어디에 두었는지 잊어버리기 일쑤였다. 그러다 보니 이전에 사용했던 공구를 찾아다니느라 예정에 없던 시간 낭비가 상당하다는 의견이 많았다. 그들이 말하는 상황이 어떤 것인지를 현장을 방문했던 블랙앤데커의 책임자들도 자신들의 눈으로 직접 확인했다.

대안 제시 지역 책임자들은 현장의 애로 사항을 공유한 후에 대안 제시를 위한 토론을 시작했다. 이들은 가망 고객들의 애로 사항을 꺼내놓고 어떻게 하면 이 문제들을 해결할 수 있을지에 대해 몇 날 며칠을 함께하며 대안 제시를 위한 토론을 계속해나갔다. 그리고 갑론을박의 토론 끝에 다음과 같은 대안을 내놓기에 이른다.

① 신규 브랜드의 론칭

먼저 가정용 공구라는 인식을 없애기 위해 드월트^{DeWALT}라는 새로운 브랜드를 론칭하기로 한다. 산업용 전동공구의 새로운 브랜드를 내세워 블랙앤데커라는 가정용 브랜드를 잊게 하려는 것이다.

② 새로운 보증 서비스의 개시

'AS는 30분'이라는 새로운 보증 프로그램을 만들었다. 작업자가 전동공구를 사용하다 망가지면 AS센터에 전화를 건다. 그러면 회사는 30분 안에 새 공구를 가져다주고 망가진 공구는 고쳐서 다시 가져다주는 프로그램을 실시하기로 한 것이다. 이를 '30분 보증 프로그램'이라고 이름 붙였다.

③ 전선 색깔 변경

작업환경의 문제는 전선의 색깔을 바꿔서 해결하기로 했다. 이렇게 해서 등장한 색깔이 노란색이다. 그래서 드월트의 산업용 전동공구는 모두 전선이 노란색이다. 노란색은 어디서나 눈에 띄는 색이라 장비를 어디에 두었는지 깜박 잊더라도 노란색 전선만 따라가면 찾을 수 있다. 게다가 노란색은 '주의'라는 의미도 갖고 있기 때문에 위험한 산업 현장을 나타낸다는 장점도 있다.

이런 노력을 거친 끝에 나온 성적표는 꽤 좋았다. 블랙앤데커의 산업용 공구가 이듬해 미국 시장에서 기록한 시장점유율은 37~38퍼센트에 이른다. 기존 시장점유율의 거의 3~4배를 뛰어넘는 놀라운 기록을 달성한 것이다. 모든 해답은 현장에 있다는 사실을 다시 한번 증명한 사례라서 MBA 수업에서 상당히 많이 인용되고 있다.

현장의 의견을 존중한다는 말은 다른 말로 바꾸면 권한 위양이 잘 되어 있다는 말이기도 하다. 이렇게 권한 위양이 잘 되어 있는 조직이 성과도 좋다는 연구 결과도 있다. 그래서 권한 위양을 강조하고 있는 것이다. 과학적인 검증을 통하여 이를 증명하고 있는 이가 있다. 바로 캐나다의 웨스턴온타리오 대학의 제라드 세이즈츠[Gerard Seijts] 교수다. 아래 내용은 그가 학회지에 실은 글 *Goal Setting and Goal Orientation: An Integration of Two Different Yet Related Literatures(2004)*을 나름대로의 해석을 통해 정리해본 것이다.

연구 방법 연구진은 토론토 지역의 대학생 170명을 대상으로 비즈니스 게임을 진행하기로 한다. 세 그룹으로 나누어 각 그룹에 다음과 같은 과제를 주었다.

A그룹(Do your best Goal) – 최선을 다하는 과제

B그룹(Performance Goal) – 목표 달성의 과제

C그룹(Learning Goal) – 목표를 달성하기 위해 스스로 준비하는 과제

이렇게 과제를 부여한 후에 총 세 번의 라운드를 거치도록 하면서 성과, 몰입도, 자신감, 정보 탐색의 정도를 측정하기로 한다.

연구 결과 성과의 순위는 C그룹(9.27)-A그룹(6.72)-B그룹(6.25)의 순서로 C그룹의 성과가 가장 좋게 나왔다. 몰입도는 C그룹(3.81)-B그룹(3.54)의 순서로 이 또한 C그룹이 몰입도가 가장 높은 것으로

나왔다. 자신감은 C그룹(0.60)-A그룹(-0.25)-B그룹(-0.29)으로 이 또한 C그룹이 압도적인 우위를 보여주었다. 마지막으로 정보 탐색은 C그룹(4.00)-B그룹(2.83)-그룹A(2.48)로서 이 또한 C그룹의 성과가 가장 좋게 나왔다. 결과적으로 본인들의 자율적인 준비에 맡긴 C그룹의 성적이 모든 면에서 우위에 있음을 증명하는 결과가 나온 것이다.

《1984》는 사건 사고가 끊이지 않고 발생하지만 최종적으로는 안정적인 사회구조를 이루는 모습이 전체적인 줄거리를 이룬다. 그리고 그 배경에는 시민들의 일거수일투족을 감시하는 텔레스

그룹의 라운드별 평균과 표준편차

그룹 1일 차		라운드 1		라운드 2		라운드 3		종합	
		평균	표준편차	평균	표준편차	평균	표준편차	평균	표준편차
성과	A그룹	6.68	2.07	5.99	4.74	7.50	7.46	6.72	4.19
	B그룹	6.72	2.00	5.60	4.49	6.44	6.37	6.25	3.79
	C그룹	7.71	3.20	8.97	7.68	11.12	9.51	9.27	6.51
몰입도	B그룹	3.77	0.60	3.58	0.71	3.28	0.78	3.54	0.59
	C그룹	3.92	0.58	3.82	0.72	3.71	0.76	3.81	0.61
자신감	A그룹	−0.31	1.97	−0.42	1.90	−0.02	2.10	−0.25	1.77
	B그룹	−0.18	1.72	−0.17	1.62	−0.51	1.59	−0.29	1.39
	C그룹	0.46	1.94	0.66	2.14	0.68	2.03	0.60	1.79
정보 탐색	A그룹			2.86	3.79	2.10	3.18	2.48	3.40
	B그룹			3.03	3.26	2.62	3.18	2.83	3.08
	C그룹			4.08	3.52	3.92	3.53	4.00	3.32

크린이 중요한 역할을 하는 것으로 묘사되고 있다. 그러나 소설은 어디까지나 소설일 뿐이다. 지금과 같이 개인의 자유의지가 그 어느 때보다도 존중받는 사회에서는 일하는 사람들의 모든 행동을 감시하는 관리 체계는 큰 저항에 부딪힐 수밖에 없다.

우리나라의 위대한 경영 리더인 삼성의 창업주 이병철 회장은 "일단 사람을 채용했으면 무조건 믿고 맡기라"라는 경영철학을 가지고 삼성그룹을 경영했다고 한다. 이 말의 핵심은 사람을 믿고 그에게 권한과 책임을 지우라는 의미로 해석할 수 있다. 권한 위양은 관리의 편의성도 있지만 그보다는 위임을 받은 사람에 대한 모티베이션으로 이어지는 효과가 있기 때문에 삼성의 경영철학이 된 것이라고 생각한다. 그 뜻을 깊이 음미하여 최대한의 권한 위양을 통해 현장의 모티베이션을 높일 것을 권유한다.

8
직원에 따라
동기 부여를 다르게 해라

Question

우리 회사는 반도체 부품을 생산하는 제조회사다. 지금의 사장님은 가업을 승계한 2세 경영자이며 오랜 시간 제약회사 영업부에서 일을 하다 부친이 세상을 떠나는 바람에 갑자기 대표를 맡게 되었다. 그런데 이분이 대표로 취임하고 조직 내에 활기를 불어넣고 싶다는 이유로 금전적 보상책이라는 변화를 시도하겠다고 한다. '당근과 채찍'이 효과가 있을 거라며 이전 직장에서 사용하던 성과급 모델을 그대로 적용하려고 한다.

성공한 사업가들에겐 공통점이 몇 개 있는데 그중 하나가 도전 정신이다. 나는 새로운 분야로 진입하면서 흥분과 희열을 느끼는 기업가들을 꽤 많이 봐왔다. 그 사람들이라고 해서 두려움이 없는 것은 아니겠지만 새로움에 도전하는 기쁨이 더 커서 잠시 그 두려움을 잊는 것이라고 생각한다. 인류가 계속 진보하고 발전한 이유가 도전을 포기하지 않았기 때문이듯이, 지속적인 성장을 이어가는 사람들의 공통점도 도전을 멈추지 않고 있기 때문이다. 아버지의 가업을 잇기 위해 새로운 환경에서 도전을 이어가고 있는 경영 2세에게 응원의 박수를 보내면서 답변에 들어가고자 한다.

갑자기 어느 사장님이 생각난다. 광고대행사를 경영하고 있던 분이다. 본인의 집이 회사 근처에 있는 탓에 외부에서 식사를 마치고 귀가할 때에 의도했든 의도하지 않았든 사무실을 거쳐서 가야 한다고 했다. 그런데 이분에게는 이런 구조 때문에 생긴 습관이 하나 있었다고 한다. 혹시라도 사무실의 불이 켜 있으면 잠시 들러 '누가' 남아 있는지 확인하는 것이었다. 그 시간이 항상 정해져 있었기 때문에 일하는 직원들 중에는 일부러 퇴근을 미루면서 그분의 방문을 기다리는 사람도 있었다고 한다.

그분에게는 지갑에 항상 5만 원권 지폐를 수십 장씩 넣어가지고 다니는 습관이 있었다. 기분이 좋을 때마다 그 돈을 직원들에게 교통비라는 명목으로 나누어주기를 좋아했다고 한다. 이 혜택을 주로 누리는 이들은 밤늦게까지 사무실에서 일하는 사람들이었다. 그분은 항상 '늦게까지 일하는 사람들은 회사에 대한 애정이 깊은 사람들이다. 뭔가 보상을 받아야 한다'는 생각에 퇴근길에 편히 가라는 취지로 택시비 명목의 5만 원권 지폐를 지급했던 것이다.

"교통비치고는 조금 과한 금액이네요?"라는 질문에 그곳 직원이 이렇게 말했다. "처음에는 다들 순수한 마음으로 받았지요. 그런데 시간이 지나면서 그 교통비 때문에 일부러 퇴근을 미루면서 회사에 남아있는 직원들이 몇 명 생기더라고요. 꼭 일찍 귀가할 필요가 없는 그런 이들에게는 개인 용무도 보면서 저녁도 해결되고 용돈도 생기니까 1석 3조가 되는 거지요. 기회를 봐서 사장님께 귀가 시에 사무실에 들르지 마시라고 말씀드릴 생각이지만, 고양이 목에 방울 달기처럼 어려운 과제네요."

업무에 따라 다른 보상의 효과

이후로 결과가 어떻게 되었는지에 대한 후속 이야기는 다음에 하기로 하고 지금부터 금전적 인센티브와 관련된 내용을 다루어보고자 한다. 인센티브나 보상의 효과성을 이야기할 때 가장 많이 거론되는 사람이 한 명 있는데, 미국 듀크 대학의 댄 애리얼리^{Dan} Ariely 교수이다. 이분이 워낙 이 분야의 대가이다 보니 이후로도 그의 연구 논문을 몇 번 더 소개할 예정이다. 그가 저술한 《부의 감각》이라는 책이 있는데, 여기에 성과급과 관련한 유익한 실험 몇 가지를 소개하고 있다.

연구 방법 1 연구진은 학생들을 모집하여 알파벳 v와 n을 번갈아가면서 입력하게 했다. 중간에 같은 키가 중복되기도 해서 헷갈릴 수도 있지만 아무 생각 없이 똑같이 치기만 하면 되는 매우 단순한 과제라고 볼 수 있다. 실험 집단으로는 2개 그룹을 설정했다. A그룹에게는 더 정확하게 많이 치는 사람에게 300달러를 주겠다고 하고, B그룹에게는 30달러를 주겠다고 제안했다. 그리고 참가자들이 어느 정도의 시간에 얼마나 많이 입력하는지를 계산해보았다.

연구 결과 1 결과는 30달러를 주는 집단의 업무 성과를 100으로 했을 때, 300달러를 주는 집단의 업무 성과가 195인 것으로 나타났다. 보상이 클수록 더 좋은 결과가 나온다는 사실을 확인한 것이다. 이 연구는 MIT 공대생들을 대상으로 진행한 실험이라는 점에서 똑똑한 친구들도 보상이 주어지면 성과가 높아진다는 사실도 확인되었다.

연구 방법 2 이번에는 조금 더 복잡한 과제를 제공해보기로 했다. 12개의 숫자를 주고 더해서 10이 되는 숫자 2개를 고르는 과제다. 예를 들면 '9.38, 6.74, 8.17, 5.15, 6.61, 3.06, 9.71, 0.91, 4.88, 3.58, 4.87, 6.42'와 같은 소수점 두 자리 숫자 중에서 둘을 합해서 10이 되는 숫자들을 고르는 문제다. 이 실험 역시 MIT 공대생들을 대상으로 진행했고, 두 집단으로 구분하여 300달러와

30달러를 지급하기로 했다. 정답을 맞히면 다음 문제가 나오고 주어진 시간 내에 얼마나 많은 문제를 풀었는지를 확인하는 실험이다. 소수점 두 자리 숫자로 이루어져 있어 계산하기가 꽤나 까다로운 문제라고 할 수 있다.

연구 결과 2 결과는 30달러 지급 그룹의 성과를 100으로 했을 때, 300달러 지급 그룹의 성과가 68로 나왔다. 즉, 까다로운 문제에 직면해서는 보상을 높게 제시하면 오히려 성과가 떨어지는 현상이 발생한 것이다. 몸이 아닌 머리를 써야 되는 상황에서는 높은 인센티브 금액이 오히려 마이너스 결과로 이어진다는 사실을 확인할 수 있었다.

연구 방법 3 이번에는 공장에서 일하는 사람들을 대상으로 한 현장 실험이다. 연구진은 이스라엘의 한 반도체 공장의 협력을 얻어 거기서 일하는 사람들을 대상으로 실험을 진행해보기로 했다. 우선 직원 207명을 3개 그룹으로 나누고 그들에게 아래와 같은 내용의 이메일을 발송한다.

그룹 A: 평소보다 생산 실적이 좋으면 30달러의 성과급을 지급하겠다.
그룹 B: 평소보다 생산 실적이 좋으면 피자 한 판을 주겠다.
그룹 C: 평소보다 생산 실적이 좋으면 직속 상사에게서 격려 메

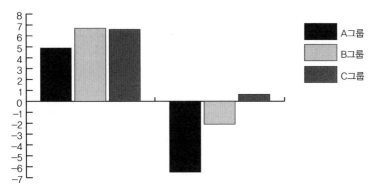

생산성 향상률

A그룹
B그룹
C그룹

자료: 신병철, 《논백 리더십 전략》, 휴먼큐브(2018)

시지를 받게 해주겠다.

이렇게 한 뒤, 다음 날 어떤 그룹의 실적이 가장 좋았는지를 살펴보았다.

연구 결과 3 결과는 아래와 같이 나왔다.

그룹 A: 생산성 향상률 4.9퍼센트 상승
그룹 B: 생산성 향상률 6.7퍼센트 상승
그룹 C: 생산성 향상률 6.6퍼센트 상승

여러 날에 걸쳐 같은 실험을 반복해서 해보았다. 그랬더니 시간이 갈수록 그룹 A, B의 생산성이 떨어지고 있다는 사실이 밝혀졌다. A의 생산성은 13.2퍼센트나 떨어졌고 B의 생산성도 5.7퍼센트

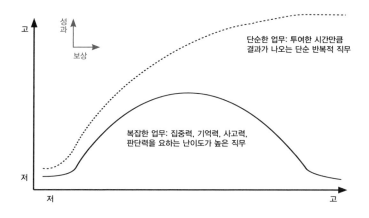

나 낮아졌다. 실험을 반복할수록 이 같은 경향은 더 뚜렷하게 나타났다. 5주 동안 동일한 실험을 한 결과, 현금 30달러를 받은 그룹 A의 생산성은 평소보다 되레 6.5퍼센트나 하락했으며 피자를 받은 그룹 B의 생산성도 평소와 비교하면 2.1퍼센트 하락했다. 칭찬을 들은 그룹 C만이 유일하게 평소에 비해 0.64퍼센트 향상된 성적을 보여주었다.

실험을 마친 후에 애리얼리 교수는 "단순하고 반복적인 업무의 경우는 보상책을 걸었을 때 향상된 성과를 기대할 수 있다. 그러나 복잡하고 어려운 과제의 경우는 보상이 오히려 마이너스 효과를 낸다"라고 말했다. 그의 주장을 도표로 만들어보면 아래의 그림이 될 것이다. 보상이 일정 수준을 넘어가는 시점에서 단순한 업무 simple task 는 그 효과성이 그대로 유지된다. 하지만 복잡한 업무

difficult task에 있어서는 그 효과성이 서서히 감소하게 되는 것이다.

고소득자에게 보상은 불행의 씨앗

보상책을 설계할 때 한 가지 더 고려해야 할 것이 있다. 바로 소득수준이다. 소득수준에 따라 금전적 보상에 대해 느끼는 체감온도가 다르기 때문이다. 우리나라에서는 아직 소득과 만족도의 상관관계에 대한 연구 보고서가 나와 있지 않아서 미국에서의 연구자료를 참고하도록 하겠다. 2015년 노벨 경제학상 수상자인 미국 프린스턴 대학 앵거스 디턴Angus Deaton 교수의 '미국인의 행복 연구보고서'에 담긴 내용을 살펴보도록 하자.

"연 소득 7만 5,000달러 아래에서는 소득이 내려갈수록 불행의 감정이 크게 상승되는 반면, 소득이 올라갈수록 불행의 강도가 약해지면서 행복 수준은 높아졌다. 그러나 연 소득이 7만 5,000달러 이상일 때는 사람이 실제로 느끼는 행복은 소득과는 크게 상관없었다. 또 다른 지표인 스트레스의 경우, 연 6만 달러를 버는 사람보다 2만 달러를 버는 사람의 스트레스가 훨씬 심했다. 그러나 연 소득이 6만 달러를 넘어가면 돈을 더 많이 번다고 해서 스트레스 강도가 낮아지지는 않았다."

요약해서 말하면 이렇다. 소득이 일정 수준을 넘을 경우, 그때까지 행복감을 느끼거나 의미 있는 행동이었다고 생각했던 것들이 소득이 늘어난다고 해서 소득에 의해 영향을 받지 않는다는 것이다. 오히려 일정 수준 이상에서 증가하는 소득은 소소한 즐거움을 앗아가는 불행의 씨앗이 되는 경우가 많다고 한다. 반면, 연소득 7만 5,000달러 미만에서는 소득이 미치는 부정적 영향이 훨씬 크게 나타났다. 소득수준이 내려갈수록 돈은 행복과 불행에 큰 영향을 미치는 것으로 나타났다. 가난한 사람들에게 있어서 돈은 생존하기 위해서 필요한 위생 영역^{Hygiene Factors}이기 때문에 행복도 불행도 돈과 연관 지어 생각하지 않을 수 없기 때문이다.

그렇다면 우리나라에서는 '돈이 없어서 불행하다'는 생각을 안 하게 되려면 연 소득이 대략 얼마 정도면 될까? 돈으로부터의 해방을 얻는다는 것은 불가능하다. 여기서는 어느 정도 생활 기반을 이룬 사람들에게 돈이 미치는 행복과 불행에 대한 감각을 의미한다. 디턴 교수가 제시한 7만 5,000달러를 환율을 적용해 우리 돈으로 환산하면 대략 9,000만 원 정도가 된다. 이 말은 우리나라 사람들은 연봉이 9,000만 원을 넘어서는 순간, 돈이라는 세속적 울타리에서 일정 부분 해방될 수 있다는 말로 해석할 수가 있다.

즉, 연봉 9,000만 원이 넘는 고소득자들을 대상으로 한 금전적 보상책의 제시는 효과성이 그렇게 높지 않다는 말이다. 물론 그 금액이 모두의 예상을 뛰어넘는 고액이라면 매력이 없지 않을 것이다. 그러나 우리가 일반적으로 생각하는 보편적 수준의 성과급이라면 돈으로 동기부여를 불러일으키기 힘들다는 뜻이다. 돈이 아닌 다른 어떤 것이 당근의 역할을 해야 될 것이다. 다시 말해서 직원들에 대한 보상책을 설계함에 있어서 직원들의 연봉 수준을 고려해야 효과성을 높일 수 있다는 말이다. 여기에 더해 연령도 고려해야 한다.

회사에서 주는 보상을 싫어할 사람은 아무도 없다. 그렇다고 모든 보상이 전부 효과를 발휘하는 것은 아니라는 뜻이다. 연령대에 따라, 지금 현재 수령하는 급여의 정도에 따라 금전적 보상책이 제대로 효과를 발휘할 수도 있고 전혀 무의미하게 기능할 수도 있다는 말이다. 보상책을 설계할 때는 이런 것들을 모두 고려해서 임해야 한다. 주변을 봐도 그렇다. 회사에서는 당근의 양이 많을 수록 동기부여로 이어질 거라고 생각하는데 꼭 그렇지만은 않다는 생각이 들 때가 많다. 이런 나의 생각은 아래의 데이터에서도 확인할 수 있다. 일에 대한 의미 부여를 만드는 요소가 무엇인지를 알아보기 위해 조사한 것이다.

크게 눈에 띄는 점은 두 가지가 있다. 첫째는 보수나 급여가 생

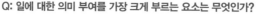

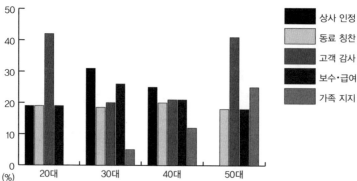

Q: 일에 대한 의미 부여를 가장 크게 부르는 요소는 무엇인가?

각보다 크게 작용하지 않는다는 점이다. 그나마 다른 연령대에 비해 30대의 사람들에게는 중요한 요소로 자리 잡고 있는 듯한 인상이다. 그 외에는 보통의 평이한 인상을 주고 있다. 두 번째 특징은 고객들한테서 받는 비중이 생각보다 크다는 점이다. 고객이 차지하는 비중은 20대와 50대에서 의미 부여의 1순위로 자리를 차지하고 있다.

이런 점에서 볼 때, 우리가 막연히 생각하는 돈이라는 보상책을 통해서 직무 만족이나 조직 몰입을 높이겠다는 생각에 큰 오류가 있음을 알 수 있다. 앞의 표에서도 나와 있듯이 20대에게 있어서 동기부여의 1순위는 고객의 반응이었고, 30대에게 있어서 동기부여의 1순위는 상사의 인정이었다. 이는 우리로 하여금 동기부여를 위해 금전적 보상을 높이겠다는 발상에 제동을 걸게 만든다. 직원들의 일에 임하는 의미 부여를 생각한다면 금전적 보상책을 궁리하기보다는 비금전적 보상을 가지고 고민하는 것이 효과가 크다는 점을 깨닫게 해준다.

※주의: 위의 설문은 응답한 271명 모두 일반 기업의 화이트칼라를 대상으로 한 것이기 때문에 금전적 비중이 낮게 나온 것으로 보인다. 단순 반복적인 직무에 종사하는 블루칼라나 연 소득이 매우 낮은 저소득층을 대상으로 한 금전적 성과급의 설계는 동기부여 향상에 어느 정도 효과가 있는 것으로 보고되고 있다.

3장

보상의 착각

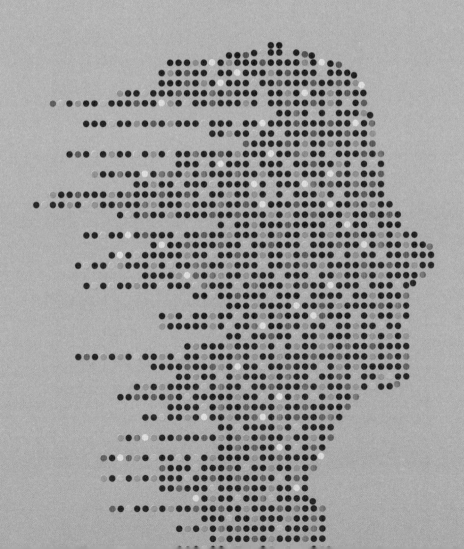

9
돈으로
마음을 살 수는 없다

Question

대형 마트에 해외 맥주를 납품하고 있는 회사다. 최근 현장 사원들의 사기 진작을 위해 판매 수량에 따라 인센티브를 지급하는 금전적 보상의 금액을 높이는 방안을 추진하고 있다. 현재도 성과급 제도가 없는 건 아니지만 기존 제도와 다른 차이점이 있다면 고정급은 낮추고 변동급을 높이는 방식의 성과급 지급 방식이 제도 변경의 큰 특징이라고 말할 수 있다. 문제 될 만한 소지가 있는지 의견을 주기를 바란다.

"성과급은 많으면 많을수록 좋은 것 아닌가?"라고 말하는 사람들이 많다. 틀린 말은 아니다. 세상에 금전적 보상책이 늘어나는 데 싫어할 사람은 그 어디에도 없을 것이다. 연구에 따르면 "사람이 가장 행복감을 느낄 때가 돈이 들어올 때"라는 말이 있듯이, 돈이라는 것은 사람들의 의욕을 불러일으키는 데 가장 효과가 큰 수단임에 틀림없다. 그러나 돈의 액수가 많으면 많을수록 좋다는 말은 틀린 말이다. 인센티브는 전혀 없어도 문제이지만 너무 많아도 오히려 독이 된다는 사실을 알아야 한다.

그린메디컬(가명)이라는 의료기기 유통업체에서 있었던 일이다. 어느 날 평소 친분이 있던 인사 임원이 이런 고민을 털어놓은 적이 있다. "저희 회사는 영업사원들의 개인 인센티브 금액이 좀 센 편입니다. 그러다 보니 가끔 불미스러운 일이 발생하곤 하는데요. 얼마 전에도 K과장이 인바운드로 들어온 수주를 마치 본인의 영업 노력에 의해서 발생한 것처럼 조작해서 큰 금액의 성과급을 타 갔다는 사실을 적발했습니다. K과장에 대해 징계를 하려고 했는데 그 친구가 크게 반발해서 홍역을 치른 적이 있습니다. 다들 그런 식으로 해서 인센티브를 챙겨가는데 왜 나만 징계를 주느냐고 반발한 것입니다."

영업은 크게 인바운드와 아웃바운드로 나뉜다. 인바운드는 고객이 알아서 찾아와 우리가 취급하는 상품이나 서비스에 대한 구매 의사를 표하는 것을 말한다. 반면, 아웃바운드는 우리 쪽에서 잠재 고객을 발굴하고 연락을 취해서 구매 의사를 타진하는 것을 말한다. 당연히 아웃바운드가 훨씬 난이도가 높다. 인바운드는 어느 정도 구매 의사를 가지고 있는 고객으로부터의 접촉이기 때문에 시간문제일 뿐, 구매 조건을 조금만 충족시켜주면 계약으로 연계될 확률이 매우 높다. 그에 비해 아웃바운드는 잠재 고객에 대한 발굴에서부터 고객을 만나고 제안에 이르기까지 넘어야 할 산이 한둘이 아니다.

그린메디컬도 마찬가지의 상황이었다. 의료 장비를 취급하는 이 회사의 주요 고객은 중소 병원인데 아웃바운드와 인바운드의 영업 비율이 대략 7 대 3에 이를 정도로 대부분의 영업을 아웃바운드에 의존하고 있었다. 30퍼센트에 해당하는 인바운드성 영업은 담당 팀장이 상황을 봐가면서 멤버들에게 적절히 분배하는 시스템을 가동하고 있었다. 그런데 이런 인바운드 전화나 문의에 대해 영업부 직원들은 가끔 본인이 방문했던 적이 있는 곳이라며 거짓말하기 시작했고, 그러던 중에 K과장이 팀장에게 보고하지 않고 자신이 담당했던 고객이라며 전산 시스템에 입력했다가 적발된 것이다.

성과급의 향상이 모럴 해저드를 부른다

담당 임원의 말에 의하면 올해 들어 이런 문제가 갑자기 대두되기 시작했다고 한다. 이유를 물어보니, 제품 납품 후의 AS에 대한 책임이 영업에서 없어졌기 때문이라는 것이다. 납품 후의 문제는 기술지원부에서 담당하고 영업부는 판매량만 책임지는 제도가 금년부터 적용되었다고 한다. 그러다 보니 '팔고 보자'는 식의 모럴 해저드 현상이 급격히 번지기 시작했다는 것이다. 동시에 동기부여를 높이기 위해 판매량에 따른 성과급도 대폭 상향 조정되었다고 한다.

이런 제도를 도입한 취지는 "눈에 보이는 금전적 보상책의 실시를 통해 모티베이션을 획기적으로 끌어올리자"라는 대표이사의 강력한 슬로건 때문이었다. AS까지 책임지면 집중력이 떨어져 사기 진작에 방해가 되기 때문에 납품 후의 문제는 기술지원부에 맡기라는 지시도 있고 해서 그쪽 인력을 대폭 보강했다고 한다. 당연히 경비 지출이 늘어나 회사에 재정 압박이 오긴 했지만 판매량 증가로 소기의 목적은 달성했다는 자체 평가가 나왔다고 한다.

나름 자축하는 분위기 중에 K과장과 같은 불미스러운 일들이 조금씩 발생하기 시작하자, 회사의 인사 정책에 빨간불이 들어오기 시작했다. 예상하지 못한 코브라 효과가 발생했기 때문이다. 지금의 성과급 제도를 폐지해야 하나, 고민의 순간이 왔다고 하면서 나에게 상담을 요청해온 것이다. 무엇이 문제였던 것일까? 정말로 성과급의 비중이 높아지면서 모럴 해저드 현상이 발생한 것일까? 아니면 다른 요인이 작용한 것일까? 이유는 지나치게 높은 성과급 금액 때문이었다. 이로 인해 비윤리적 행동들이 조직 전체적으로 벌어지기 시작한 것이 문제의 원인이었다.

굿이어타이어의 사례

미국 MBA 학생들을 대상으로 한 학과 과정에서 성과 보상과 관련하여 가장 많이 발표되고 있는 사례 연구가 있다. 타이어 전문 업체 굿이어타이어앤드러버^{Goodyear Tire & Rubber}에서 있었던 일로 성과급의 지급 방식이 직원들의 행동 변화로 이어졌다는 이야기를 담고 있다. 다양한 기관에서 너무 많이 인용하다 보니 최초의 사례 보고가 어디서 시작되었는지 정확히 알 수가 없다. 여기서는 구글에 올라와 있는 IBM 보고서를 근거로 내용을 구성해보았다.

배경 설명 타이어 제조업체 굿이어타이어앤드러버는 미국과 캐나다에 23곳, 유럽에 15곳의 제조 설비를 보유하고 있는 세계적인 타이어 제조업체다. 주요 제품인 타이어 등의 고무 제품 외에도 화학, 금속, 항공우주용품 등의 다양한 제품을 생산 판매하고 있는 130년 역사의 글로벌 기업이다. 그런데 이 회사가 1990년대 들어 심한 경영 적자에 허덕이게 된다. 회사는 악화된 환경을 개선하기 위해 1만 2,000명의 직원을 해고하는 대대적인 인사 혁신안을 발표한다. 동시에 새로운 인센티브 정책을 실시하기로 결정한다.

현상 분석 현장의 영업사원들에게 좀 더 강력한 동기부여를 북돋워주기 위하여 현장직들에 대한 금전적 보상책을 훨씬 강화하기로 결정했다. 하지만 현금 보상의 인센티브 제도가 실시되고 10

년이 지났는데도 판매량은 전혀 증가하지 않았다. 오히려 현장직에 대한 지나친 금전적 보상책으로 인해 예상치 못했던 도덕적인 모럴 해저드 현상만 보이고 있다는 지적이 나왔다. 이에 경영진은 금전적 보상책을 전면적으로 재검토하기로 정하고 효과를 측정하기 위해 기존 시스템과 새로운 시스템의 듀얼 제도를 일정 기간 운영해보기로 결정한다.

수정 보완 1991년부터 시행에 들어간 금전적 보상책에 대한 비판을 모면하기 위해 회사는 2000년에 들어 새로운 시스템을 도입하기로 결정한다. 시스템의 시행을 위해 우선 직영 매장과 서비스센터 900곳을 매출 순으로 나열했다. 그리고 1위는 A그룹에, 2위는 B그룹에, 3위는 A그룹에, 4위는 다시 B그룹에 집어넣는 방식으로 A그룹과 B그룹을 균등하게 분할한 후 결과적으로는 두 그룹이 통계적으로 비슷한 매출을 올리는 점포가 되도록 설계했다.

그런 다음 A그룹에는 12개의 타이어를 판매할 때마다 금전적 보상을 주는 제도를 실시했다. 한편, B그룹에는 포인트를 적립한 후에 그에 상응하는 물품이나 여행권 등의 상품을 현금 대신 주기로 했다. 혹시나 직원들이 포인트를 현금으로 인식하는 일이 없도록 하기 위해 상품이 곧바로 포인트로 환산되지 못하게 하는 세심한 설계까지 신경 썼다. 포인트로 환산되면 비금전적 보상과 현금 보상 간의 차이가 사라질지도 모른다는 염려에서 이런 데까지 신경 쓴 것이다.

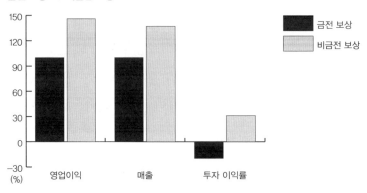

금전 보상 VS 비금전 보상

150
120
90
60
30
0
−30
(%)

금전 보상
비금전 보상

영업이익   매출   투자 이익률

변화 결과 새로운 제도가 현장에 도입되고 6개월이 지난 후, 결과를 비교, 분석해보았다. 그랬더니 비금전적 보상의 B그룹이 금전적 보상의 A그룹보다 매출, 영업이익, 투자 이익률(ROI) 모두에서 월등하게 좋은 기록을 내고 있음이 확인되었다.

① 매출- B그룹(비금전적 보상)이 A그룹(금전적 보상)에 비해 37퍼센트 더 높은 매출 신장률을 기록
② 영업이익- B그룹이 A그룹보다 46퍼센트 높은 이익을 달성
③ 투자 이익률- B그룹이 +31퍼센트, A그룹은 −20퍼센트를 달성

원인 분석 인사에서 원인을 분석해보았다. 어떤 이유로 이런 다이내믹한 결과가 생겨나게 되었는지를 조사, 분석해보기로 한 것

이다. 현장 사원들을 대상으로 한 설문과 인터뷰를 통해 경영진은 B그룹이 A그룹에 비해 압도적인 영업 실적을 발생시킨 이유를 다음의 3가지로 결론 내렸다.

첫째, A그룹에 속한 직원들은 현금 보상을 연봉으로 착각하는 경향이 강했다. 전년도에 현금으로 인센티브를 받았는데 그 금액을 금년에 받지 못하면 연봉이 삭감된 것으로 느꼈고 이는 크나큰 동기 저하의 원인이 되었다.

둘째, 현금 보상은 A그룹에 속한 직원들에게 죄책감을 유발하는 심리적 부담감을 주었다. A그룹의 직원들은 현금 보상을 받으면서 이게 공돈이라는 생각을 하게 되었다. 때문에 성과급으로 받은 돈을 저축하기보다는 사치품 구입이나 유흥비로 탕진하는 일이 많았다. 받을 때는 기분 좋지만 얼마 지나지 않아 돈을 현명하게 쓰지 못했다는 죄책감이 밀려왔다고 그들은 말했다.

셋째, 현금 보상은 직원들이 목표로 향하는 마음을 갖게 하는 데 오히려 방해 요소가 되었다. 현금 보상이 "조직이 달성할 목표보다 내가 받아야 할 돈에 지나치게 신경 쓰게 만드는 요소"가 되었다고 말하는 이가 많았다.

이처럼 지나치게 성과급을 강조하면 원래의 목적을 상실하고 판단력이 흐려진다는 연구 결과가 있다. 지나치게 높은 인센티브 금액은 직원들로 하여금 집중력을 잃게 만드는 역효과를 발생시킨다는 것이다. 미국 UC 버클리 대학의 에스더 아츠[Esther Aarts] 교수는 '성과급이 미치는 도파민과 동기부여의 상관관계[Dopamine and the

Cognitive Downside of a Promised Bonus'(2014)라는 논문에서 성과급으로 인해 분비되는 도파민을 가지고 이 문제를 설명하고 있다.

연구 방법 연구진은 실험 참가자들을 대상으로 "이제부터 스트룹 게임을 할 텐데, 맞히는 정답의 수에 비례하여 현금을 주겠다"라고 제안했다. 그러고 나서 실험에 참가한 사람들의 두뇌를 CT 촬영을 했다. 그랬더니 두뇌의 도파민 수치가 활성화되는 모습이 포착되었다고 한다. 참고로 도파민은 사람의 행복 지수를 다루는 신경계의 일종인데 도파민 수치가 올라간다고 무조건 좋은 게 아니다. 너무 높으면 신경과민 증상을 보이기 쉽고 너무 낮으면 우울증 증세를 보이기 때문에 적당한 수치의 도파민 분비가 가장 이상적이라고 말할 수 있다.

연구진은 실험 참가자들을 대상으로 준비된 실험에 들어갔다. 퀴즈는 두 가지 종류로 구성되어 있었다. 해당하는 낱말이 무슨 의미인지를 알아맞히는 퀴즈와 그 정답을 오른쪽과 왼쪽의 어느 방향으로 가져갈지를 물어보는 방향성에 대한 문제였다. 정해진 시간에 풀어야 해서 스피드와 집중력을 요하는 실험이다. 참가자들은 화살표의 방향과 단어의 뜻이 일치하도록 키보드의 왼쪽 혹은 오른쪽 버튼을 눌러야 하며, 정해진 시간 내에 정답을 표시해야 보상을 받을 수 있는 구조로 짜여져 있었다.

연구 결과 다음의 그림에서 보듯이 반응의 정확도는 좌측미상핵

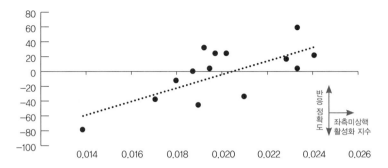

의 분비량이 적당한 선에서 가장 높게 나왔다. 좌측미상핵이 지나치게 활성화될 경우 반응 지수는 지나치게 높게 나왔고, 좌측미상핵의 활성화가 저조할 경우에는 반응 지수가 낮게 나오는 결과를 보여주고 있다. 실험 결과, 지나치게 높은 보상을 제시할 경우에 게임에 참여한 사람들의 좌측미상핵이 높게 활성화되는 모습이 보였고 이는 빠른 반응을 불러일으켜 정확도에서 멀어지는 결과를 낳았다는 것을 암시한다.

반면에 지나치게 낮은 보상금액의 제시는 좌측미상핵의 활성화를 방해하여 지나치게 느린 반응을 불러일으켰고 이 또한 정확도를 떨어뜨리게 된다는 것이다. 이 말을 응용해서 해석하면 인센티브 금액이 많다고 무조건 좋은 것이 아니라는 것이다. 지나치게 낮은 인센티브도 의욕을 떨어뜨리지만 지나치게 높은 인센티브도 과잉 반응을 불러일으켜 정확한 판단을 방해한다는 것을 의미한다.

10
보상이 커지면
주객이 전도된다

Question

가정용 전자 제품을 만드는 회사에서 관리 업무를 맡고 있다. 우리 회사는 사용 가능한 일정 금액의 회식비를 정해놓고 부서에서 청구하면 후정산하는 제도를 운영하고 있다. 그런데 1년 전에 설계부서에 유명 외투 법인에서 일하던 팀장 하나가 스카우트되어 들어왔는데, 자기 팀은 새로운 관점에서 회식비 책정을 하고 싶다는 요청을 해왔다. 정해진 부서 회식비를 급여에 포함해서 선입금해달라는 요구였다. 어찌하면 좋을지 고민이다.

인사 분야에 종사하는 사람이라면 누구나 알 만한 상식과도 같은 스토리 중에 '같은 돈이라도 회사에서 직접 지불하는 돈은 회사 돈으로 인식되지만, 일단 그 돈이 내 호주머니를 거쳐 나가게 되면 내 돈으로 인식된다'는 말이 있다. 그리고 또 하나, '회사 돈에 대한 값어치는 작게 인식되지만, 내가 지불하는 돈에 대한 값어치는 매우 크게 인식된다'는 말도 있다. 이 회사의 경우도 마찬가지다. 회사가 비용을 지불할 때에는 아무런 문제가 없던 것이 이제는 상황이 바뀌어 일단 자신의 호주머니에서 돈이 나간다고 생각하니 식사 자리가 반갑지 않게 된 것이다.

이런 일은 어느 회사에서나 종종 발생하는 현상이다. 내가 아는 어떤 회사에서 있었던 일이다. 교육용 소프트웨어를 만드는 회사인데, 이 회사는 항상 부서 회식비를 후정산으로 처리해왔다고 한다. 일단 부서나 팀에서 카드로 결제하고 그 영수증을 청구하면 회사에서 그 비용만큼 정산해주는 방식을 말한다.

하루는 A팀의 팀장이 관리 부서 임원에게 와서 이렇게 말했다고 한다. "이사님, 저희 팀은 회식비를 그냥 현금으로 주시면 안 될까요? 급여 이체하는 계좌에 같이 넣어주시면 감사하겠습니다. 어차피 1인당 쓰는 금액이 정해진 회식비인데, 먼저 넣어주나 나중에 후정산으로 계산하나 차이는 없다고 생각합니다. 오히려 나중에 영수증을 가지고 계산하는 번거로움을 생각하면 먼저 급여 계좌로 송금해주는 것이 더 편하지 않을까요?" 말을 듣고 보니 일리가 있었다. 어차피 급여를 이체해야 하는데 그때 같이 송금해주면 나중에 회식비 처리 관련해서는 따로 일하지 않아도 된다고 생각한 것이다.

그러나 이런 중요한 정책을 갑자기 전사적으로 실시할 수는 없다는 판단 아래 우선 안*을 제시한 A팀에 한하여 시범적으로 실시해보기로 했다. A팀에 대해 1인당 50만 원으로 책정된 회식비를 각자의 급여통장으로 송금한 것이다. 부서 회식비로 쓰든 쓰지 않든 한정을 두지 않고 사용 용도를 각자에게 맡긴 것이다. 다른 부서는 부서장이 제출한 영수증을 가지고 후정산을 한다고 치면, 이 부서는 1인당 50만 원이라는 금액을 급여에 포함해서 지불하고 부서 회식에서는 개인별로 갹출해서 회식비를 지불하는 형태를 취한 것이다. 그리고 3개월이 지났다. 관리이사는 A팀에서 벌어지는 이상한 현상을 목격하게 된다. 부서 회식이 사라진 것이다. 부서원 간에 친밀도를 높여주기 위해 마련한 지급 방식의 변경이 오히려 기회를 박탈해버린 것이다.

코브라 농장의 탄생

이렇듯 좋은 의도로 실시했으나 의도와는 다르게 바람직하지 않은 결과를 빚는 현상을 코브라 효과[cobra effect]라고 부른다. 유래는 다음과 같다. 과거 영국 지배하에 있을 당시 인도에서는 코브라에게 물려 죽거나 다치는 인명 피해가 많았다고 한다. 어느 날, 새로 부임한 총독이 한 가지 아이디어를 제안했다. 코브라를 잡아오면

상금을 주는 보상 제도를 만든 것이다. 독사를 잡는 일은 매우 위험하지만 사람들은 돈을 벌 수 있다는 생각에 너나없이 코브라를 잡아 보상금을 받았다. 보상금을 만드느라 세금이 많이 들어가긴 했지만 정책은 나름대로 성공적이었다. 마을에 코브라가 많이 사라져 인명 피해가 현저하게 줄었기 때문이다.

　그런데 시간이 갈수록 뭔가 이상했다. 거리의 코브라가 줄어들어 인명 피해는 줄어들었는데 코브라를 잡아와 보상금을 받아 가는 사람들은 오히려 늘어나고 있었던 것이다. 아무래도 이상하다고 느낀 관리들이 보상금을 받는 사람들을 조사하기 시작했다. 그리고 어처구니없는 현장을 목격하게 된다. 사람들이 인도 델리 곳곳에 코브라 농장을 만들어 코브라를 사육하고 있는 모습을 보게 된 것이다. 여기서 기른 코브라로 안전하게 보상금을 받고 있었던 것이다. 인도 총독부는 결국 코브라 보상금 제도를 폐지했다. 그러자 사람들은 쓸모없게 된 코브라를 야산에 무단으로 버렸고, 결과적으로 더 심각한 피해를 초래하게 되었다는 이야기다.

　비슷한 사례가 하나 더 있는데, 이번에는 프랑스 식민지 시절의 베트남에서 있었던 일이다. 베트남에서 쥐 떼가 창궐하자 프랑스 총독부에서 쥐 박멸에 포상금을 내걸었다고 한다. 그런데 포상금 지급 방식이 조금 안이했던 모양이다. 꼬리만 가져와도 포상금을 지급하다 보니 사람들이 쥐 꼬리만 자르고 풀어주는 일이 발생한 것이다. 그래야 쥐가 번식하면서 더 많은 쥐 꼬리를 얻고 포상금을 많이 받을 수 있다고 생각한 것이다. 최초 의도와는 다르게 쥐가 더 많이 늘어나는 것을 본 프랑스 총독부는 결국 쥐 꼬리 포상금 제도를 폐지하게 된다. 의도치 않게 쥐의 번식만 도와준 꼴이 되었기 때문이다.

이렇듯 동기부여를 위해 내건 어떤 보상이 본래의 취지와는 다른 부작용을 낳는 현상을 가리켜 '외적 동기의 역효과'라고 부른다. 왜 이런 현상이 발생하는지에 대해 댄 애리얼리 교수가 발표한 논문 *Large Stakes and Big Mistakes*(2009)의 내용을 가지고 설명을 이어가고자 한다.

연구 방법 연구진은 인도의 저임금 성인 노동자들을 대상으로 보상 방식의 심리 변화를 알아보기로 했다. 보상을 많이 주는 것이 성과에 도움이 되는지, 아니면 적게 주는 것이 오히려 더 큰 성과를 낳는지를 알아보기 위해 다음의 상황을 만들어 실험한 것이다. 인도인에게는 익숙하지 않은 6가지의 게임 과제를 주고 다음 3가지 조건으로 나누어 게임의 성과를 측정해보기로 한 것이다.

그룹 A: 목표 달성 시 4루피를 주기로 약속
그룹 B: 목표 달성 시 40루피를 주기로 약속
그룹 C: 목표 달성 시 400루피를 주기로 약속

인도 노동자의 평균 일당은 약 4루피 정도라고 한다. 하루 일당이 4루피라는 사실을 고려한다면 위에서 제시한 성공 보수는 적지 않은 금액일 것이다. 최소 단위의 성공 보수가 그룹 A에 제시한 4루피이기 때문에, 아무리 못해도 하루 일당 정도는 챙길 수 있다. 마찬가지로 B그룹에 속한 실험자들은 잘만 하면 하루 일당의 10배, C그룹에 속한 실험자는 하루 일당의 100배에 해당하는 돈을 챙길 수 있는 것이다. 이렇게 진지한 상황 설정을 만든 연구자들은 실험에 들어가기 전에 "아마도 C그룹→B그룹→A그룹 순으로 게임의 성과가 나올 것"이라고 예측했다. 그리고 결과를 지켜보았다.

실험 결과 그래프의 좌상은 6개 게임의 전체 결과를 나타낸 것이고 나머지는 2개씩 묶어서 결과를 표시한 것이다. 보상 수준 incentive level은 왼쪽에서부터 하^{low}-중^{mid}-상^{high}의 순으로 이동하게 되는데, 그래프에서 보듯이 모든 결과들의 보상 수준이 '상'으로 갈수록 떨어지는 현상을 보였다. 6개 게임 모두 일관되게 상금을 많이 주면 성과가 떨어지는 경향을 보인 것이다. 전체적인 경향으로는 인센티브가 낮거나 중간일 때에 비해 높은 금액의 인센티브에서 오히려 성과가 떨어지는 결과를 보였다. 연구진은 전체적인 특징을 다음 3가지로 요약했다.

첫 번째, 낮은 수준의 인센티브일 때 이미 가장 높은 성과가 나왔다. 처음부터 높은 성과가 나오고 이런 경향은 중간 수준의 인센티브에서도 비슷하게 유지가 된다. 두 번째, 인센티브 수준이 낮거나 중간일 때보다 높을 때 참가자들의 성과가 가장 낮게 나

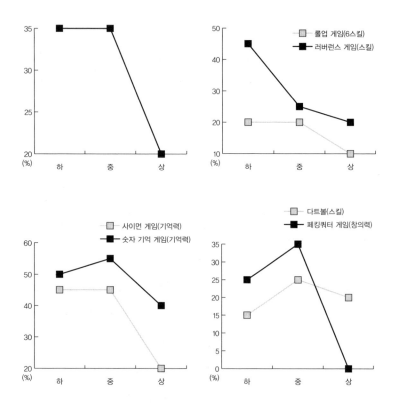

왔다. 세 번째, 서로 다른 영역을 측정하는 게임이었음에도 불구하고 모두 같은 결과가 나왔다. 이 게임은 기억력(mm), 스킬(ms), 창의력(cr)을 다루는 서로 다른 의도의 카테고리로 구성되어 있다. 그러나 실험자들의 예상과 달리 3가지 카테고리 모두 동일한 결과를 보여주었다. 원래 실험자들은 서로 다른 결과가 나올 것으로 예측했었다고 한다.

왜 이런 현상이 발생하는지 연구팀이 유심히 관찰했다. 그리고 중요한 사실 하나를 목격하게 되는데, '보상 금액이 늘어나면서 오히려 집중력이 더 약해지는 현상이 발생'한다는 것이다. 외적 보상에 욕심이 생기면서 오히려 주의가 분산되는 현상이 발생한 것이다. 보상이 크게 제공되면 제공될수록 외적 동기가 급격히 상승해서 주의가 분산되고 처음에 세웠던 목표 달성을 위한 대부분의 전략이 수정되는 현상이 생기는 것을 목격하게 된 것이다.

이야기를 위에서 소개한 A팀장이 속해 있는 회사와 연결 지어 이어가볼까 한다. A팀장의 경우 회식비를 이미 지급해버렸다. 이런 경우 아마도 팀원들의 기쁨은 정말 컸을 것이다. 어차피 정해져 있는 회식비이기 때문에 결국 본인들의 입속으로 들어가는 돈이긴 하지만 선불로 받고 보니 아마도 공돈이 생긴 듯한 기분이었을 것이다. 그러다 보니 회식비는 이미 회사 돈이 아닌 본인의 돈이 되어버렸던 것이다.

그런데 이걸 다시 회식비로 내야 한다면 그들의 머릿속에서는 약간 억울한 생각이 생겨난다. 회식비 명목으로 미리 지급받은 회사 돈이라는 인식은 전혀 없이 개인적인 사비에서 나가는 듯한 느낌이 들기 때문이다. 당연히 이런저런 핑계로 회식을 안 하게 되는 현상이 발생한다. 회식 독려를 위해 미리 지급하기로 한 것인데, 오히려 회식을 방해하는 일종의 '코브라 효과'가 발생한 것이다.

애리얼리 교수의 실험에서는 "인센티브 금액이 많아지면 욕심이 생겨 주의가 산만해진다"고 했는데, 이 회사의 경우는 경비의 지불 방법 때문에 회사가 원치 않는 방향으로 직원들의 움직임이 발생한 것이다. 누구에게 지불하는 돈이든 비용은 미리 지급하는 것이 상대방이 느끼는 만족도가 높다. 하지만 이미 지급한 돈을 다시 내놓으라는 것은 사람들로 하여금 상당한 고통을 불러일으킨다. 이유는 개인들에게 한번 들어간 돈은 이유를 불문하고 각자의 소유물이 되어버렸기 때문이다.

일시불의 만족은 오래가지 못한다

나는 이와 비슷한 사례를 회사에서 경험한 적이 있다. 우리는 아르바이트 학생들을 활용하여 연수 방식이나 연수의 효과성 측정을 많이 하는 편인데, 그들을 상대로 한 연수 점검의 상황에서 점심값 지불에 대한 지불 방식을 바꿔본 적이 있다. 어차피 지불하는 점심 식대인데, 매일 나눠서 주는 대신 일주일 치를 한꺼번에 주는 방식을 택할 경우 어떤 현상이 생기는지를 알아보기 위함이었다. 즉, 인센티브의 지급 시기가 직무 만족에 어떤 영향을 미치는지를 알아보고자 함이 목적이었다.

연수에 참가하는 학생들에게 지급하는 아르바이트 비용은 1시간에 1만 원씩 1일 3시간으로 10일간 30시간이고 개인별 지급액은 총 30만 원이다. 아르바이트 비용은 매주 금요일에 15만 원씩 지불하는 방식이었고 여기에 1일 1만 원씩 주 5만 원의 식대가 별도 지급된다. 이런 방식에서 일부 학생들에게는 주 5만 원의 식대를 매일매일이 아니라 주초에 미리 지급하는 방식을 택한 것이다.

지불 방법의 변동

분류	지불 방법	
	아르바이트 비용	점심 식대
A그룹	매주 금요일 15만 원	매일 1만 원씩
B그룹	매주 금요일 15만 원	매주 월요일 5만 원

　정리하자면 A그룹은 매주 금요일에 15만 원의 아르바이트 비용과 함께 매일 1만 원의 식대를 받는 구조다. 반면 B그룹은 매주 금요일의 아르바이트 비용은 변함없는데, 매일 지급받던 1만 원의 식대를 매주 월요일 5만 원을 미리 받는 방식으로 바꾼 것이다. 그리고 1주 차와 2주 차로 나누어 작업환경에 대한 만족도 조사를 실시해보았다. 그랬더니 아래와 같은 결과가 나왔다.

지불 방법 변동에 따른 만족도 차이

분류	업무 환경 만족도	
	1주 차	2주 차
A그룹	3.9	3.7
B그룹	4.2	3.8

　주목할 대목은 1주 차와 2주 차의 만족도 변화다. A그룹의 경우

만족도에 변화가 거의 없다. 그러나 B그룹의 경우 큰 차이로 떨어지는 현상을 볼 수가 있다. 식대를 나눠서 주는 A그룹에 비해 0.1 포인트 높은 수치를 유지하고는 있으나 1주 차에 비해 큰 폭으로 만족도는 낮아진다. 작은 실험이지만 몇 가지 시사점을 얻을 수 있다. 첫째, '조삼모사^{朝三暮四}'이지만 조금씩 나눠서 주는 것보다 한꺼번에 목돈으로 주는 것이 훨씬 만족도가 높다. 둘째, 그러나 이런 만족도의 유지는 계속 이어지기 힘들다는 사실이다. 이상과 같은 이유로 나는 보상책의 실시에 있어서 다음과 같이 제안해보고자 한다.

① 보상책을 실시할 때는 용도가 무엇인지를 분명히 한다.
② 이미 실시하고 있는 보상을 중단할 때는 그 여파를 충분히 감안해야 한다.
③ 보상책을 중단할 때는 대체품을 제시하거나 단계적 축소를 통해 손실에 대한 체감을 줄여야 한다.

기업의 상황이라는 것이 항상 좋을 수만은 없기 때문에 혹시나 생길지도 모르는 불행의 상황에도 대비해야 한다. 모두의 부러움을 샀던 아시아나항공이나 이스타항공을 떠올려보자. 지금의 상황이 될지 그 누가 알았겠는가? 모두가 부러워할 만한 놀라운 근무 조건에 환상적인 복리후생을 가졌던 기업이다. 하지만 이제는 그런 것들이 모두 부메랑이 되어 돌아오고 있다. '배신하는 것은 사람이 아니라 상황이다'라는 말을 생각하면서 안 좋을 때의 상황도 시야에 넣고 보상책을 설계하는 것이 좋겠다.

11
남의 지갑과
내 지갑의 무게는 다르다

Question

직원 복리후생의 일환으로 사내 카페를 운영하기 시작했다. 그런데 그 사내 카페의 운영이 갈수록 이상하게 변질되기 시작했다. 외부 손님이 줄어들면서 매출을 커버하기 위해 직원들에게 이용을 독려하게 된 것이다. 그러다 보니 회의실에서도 충분히 논의 가능한 일상적인 대화까지도 일부러 사내 카페를 이용하는 일이 많아졌다. 불필요한 지출의 증가는 물론, 이동에 필요한 시간 소모도 있고 해서 점차 업무에도 지장을 초래하기 시작했다. 어찌하면 좋겠는가?

요즘 사내 카페를 운영하는 회사가 부쩍 많이 늘었다. 굳이 자사 건물이 아니어도 입주해 있는 회사의 건물주가 현관에 '숍 인 숍' 개념으로 미니 카페를 운영하고 있는 새로운 스타일의 비즈니스 모델도 많이 선보이고 있다. 외부에 있는 카페에 비해 거의 절반 가격에 이용할 수 있기 때문에 직원들 입장에서도 큰 도움이 되는 것이 사실이다. 하지만 회사 입장이 되면 무턱대고 좋아할 상황만은 아닌 듯하다. 회사에서 운영하는 카페든 식당이든 복리후생 차원에서 지원하고 있는 여러 가지 혜택에 있어 그 형평성이나 공평성을 생각하지 못하고 운영한 탓에 의도치 않은 부작용을 경험한 회사들이 많기 때문이다.

내가 아는 어떤 회사에서 있었던 일이다. 이 회사는 공단에서 운영하는 아파트형 공장에 입주해 있었다. 대개 이런 건물의 경우에는 입주사들의 직원들을 위해서 지하에 대형 식당이 같이 운영되고 있는 경우가 많다. 밖에서 먹는 것보다 저렴한 가격으로 식사를 제공하는데, 대개는 개인 부담이 대부분이고 일부는 회사와 개인이 반반 부담하는 형태로 운영되는 곳도 많다.

이 회사의 경우는 조금 특이했다. 직원 복지를 중시한다는 명분 아래 회사가 직원들의 중식대를 전량 지원한 것이다. 본인들이 일단 점심을 먹고, 회사는 먹은 분량만큼 월말에 식당을 운영하는 회사에 후불 정산하는 그런 구조를 가져간 것이다. 처음에는 직원들의 만족도가 상당히 높았던 모양이다. 같은 건물에 입주해 있던 다른 회사 직원들의 부러움도 받고 그래서 이 제도는 한동안 큰 인기를 끌었다고 한다. 그러나 영업부원들을 중심으로 "우리는 밖에서 식사하는 일이 많은데, 식대를 그냥 현금으로 주면 좋겠다"라는 목소리가 나오기 시작했다.

이에 고민하던 경영진은 직원들의 말에도 일리가 있다고 생각했는지 회사가 후불 정산해주던 중식 보조비를 폐지하고 그에 해당하는 금액을 별도로 지급하기로 결정을 내린다. 구내식당 운영업체에 월말에 일괄적으로 지급하던 경비 지출은 사라졌지만 회사는 변함없이 비용 지출을 하는 상황이 되었다. 정확한 금액은 잘 모르겠지만 회사 입장에서는 비용과 관련해서는 변동 제로인 상황이다. 그런데 제도의 변경이 있고 난 후에 실시한 글로벌 직무 만족 조사에서 직원들이 느끼는 신뢰 지수가 매우 낮게 나왔다. ES-Survey(직원 만족도 조사)의 조직 신뢰 부문의 수치가 바닥으로 떨어진 것이다.

이 회사는 본사가 해외에 있다. 전 세계의 수십 개 국가에 해외 현지 법인을 운영하고 있으며 한국도 그중 하나이다. 전 세계 자사 직원들의 가치관 공유나 조직 신뢰와 같은 주요 경영 지표를 통일화시키기 위해서 매해마다 글로벌 차원의 '직원 의식 조사'를 실시하고 있다. 혹시나 평균에 지나치게 미치지 못하는 수치가 나올 경우 본사로부터 엄중 경고와 함께 조사단이 파견된다고 한다. 해당 법인에 무슨 문제가 있는지를 조사하고 문제가 발견될 시에는 필요한 조치가 내려지는데, 심한 경우 경영진 교체도 이루어진다는 것이다.

이 회사는 과거 3년 연속 상위 10퍼센트에 들어갈 정도로 훌륭한 조사 결과를 보여주었다. 모두가 부러워할 만한 직원 신뢰도를 보여주어서 글로벌 컨퍼런스에서 사례 발표를 한 적도 있다. 그랬던 회사가 갑자기 하위 10퍼센트로 떨어졌으니 본사에서는 난리가 난 것이다. 뭔가 엄청난 일이 한국법인에 발생했다고 판단한 본사는 조사단을 급파하고 원인 분석에 들어갔다. 직원 개개인을 면담하고, 거래처를 방문하여 인터뷰를 갖기도 하면서 수치 하락의 원인이 무엇인지에 대한 조사를 벌였다. 1개월에 걸친 대대적인 현장 조사가 끝나고 그들이 내린 최종 결론은, 중식 비용의 중단(엄밀히 말하면 변경이다)으로 인해 생긴 직원들의 불만이었다고 한다.

직원들은 자신의 계좌로 중식비가 계속 들어오고 있었으나 막상 자기 지갑에서 빠져나가는 식사비가 너무 아까웠던 것이다. 게다가 회사로부터 식대가 계속 지불되고 있다는 사실을 아는 직원은 소수에 불과했다. 회사에서는 충분히 홍보했다고 생각했지만 정작 직원들은 회사가 경비 절약 차원에서 중식비 지원을 끊어버렸다고 오해한 것이다. 얼마 되지 않는 비용이었지만 직원들이 느끼는 불만은 생각보다 컸고 이는 회사에 대한 신뢰감 상실로 이어졌던 것이다. 결국 회사는 비용 지불을 원래의 시스템으로 원상복귀시켰고 이후 모든 문제가 해결되었다는 다소 황당한 결과로 스토리는 종결이 된다.

이런 이야기를 들은 사람들이 한결같이 보이는 반응이 있다.

"그깟 점심값이 얼마나 된다고? 그거 하나로 회사에 대한 신뢰가 천당과 지옥을 왔다 갔다 하나?"라고 말한다. 그런데 이걸 식사비의 문제로 생각하면 큰 오산이다. 또한 이걸 회사와 직원들 간의 소통 부족의 문제로 바라봐도 곤란하다. 이건 어디까지나 인간의 기본적인 심리 문제로 보는 것이 좋은데, 그 이유에 대해 크게 두 가지로 나누어 설명해보도록 하겠다.

현금이 빠져나갈 때의 고통

첫째, 인간은 기본적으로 들어오는 것보다 나가는 것에 대해 고통을 크게 느낀다. 내 호주머니에 돈이 들어오거나 뭔가의 혜택을 받거나 하는 상황에선 모두가 즐거워한다. 그런데 이런 즐거움도 어느 정도 일정 수준 이상을 넘어가면 기쁨의 정도는 뚝뚝 떨어지게 되어 있다. 처음 느꼈던 기쁨과 같은 비율로 즐거움이 유지되지 않는다는 것이다. 예를 들어 회사로부터 매월 10만 원의 현금을 유류비 명목으로 받게 되었다고 하자. 처음에는 정말 기분이 좋다. 10만 원에 불과하지만 갑자기 로또를 맞은 듯한 기분이다. 역시 우리 회사가 최고라며 가족이나 친구에게 자랑하면서 행복해한다.

그러나 시간이 흐를수록 초기에 느꼈던 행복감은 줄어든다. 포물선의 그래프를 그리듯이 즐거움은 서서히 줄어드는 것이다. 그러다가 결국 어느 시기에 이르러서는 아무런 감흥이 없어진다. 일명 '한계효용체감의 법칙'—어떤 사람이 동일한 재화나 서비스를 소비하면서 느끼는 주관적인 만족도가 점차 감소하는 현상—이 작용하는 것이다.

이와 반대의 경우도 있다. 시간이 지나고 회사의 경영 사정이 악화되었다. 그래서 전사적인 비용절감운동이 일어난다. 모든 부서에 비용을 줄이라는 지침이 내려오고 혜택을 받았던 유류 지원비도 중지된다. 하지만 고객도 방문해야 하고, 지방에 있는 공장도 방문해야 해서 월 10만 원의 유류비는 계속 지출이 된다. 그런데 유류비 10만 원을 지출하면서 느끼는 고통의 크기는 유류비 10만 원이 들어왔을 때 느꼈던 기쁨과 그 정도에 있어 결코 동일하지 않다. 기쁨의 양보다 고통의 양이 훨씬 크다. 똑같지가 않은 것이다.

왜 이런 현상이 발생하는지를 설명한 이론이 있다. 일명 '전망 이론Prospect Theory: An Analysis of Decision Under Risk'이란 이름으로 1979년에 미국 프린스턴 대학의 대니얼 카너먼Daniel Kahneman 교수가 발표했다. 인간의 심리를 분석한 유명한 이론이다. 인간은 기본적으로 '얻는 것보다 잃는 것에 대해 체감 효과를 더 크게 느낀다'는 내용을 담고 있다.

전망 이론 해설 다음 쪽 도표를 참고해주면 좋겠다. 선택지들의 가치를 준거점과 비교하여 이득과 손실로 우선 구분한다. 이득과 손실의 양이 동일하더라도 이득에서 발생하는 효용 대비 손실에

전망 이론

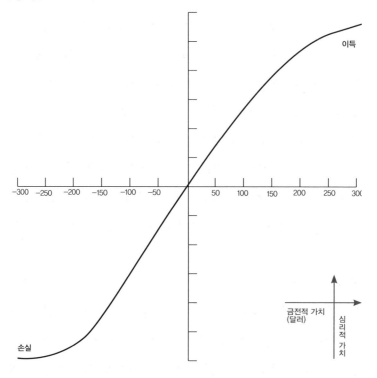

서 오는 비효용이 더 크며, 이는 인간의 손실 기피^{Loss Aversion} 성향에 기인한다고 카너먼 교수는 말한다.

기대 효용 이론에서는 어떤 사람이 10만 원을 얻는 것과 10만 원을 잃는 것이 동일하게 간주되는 반면, 전망 이론에서는 10만 원을 잃는 것이 더 큰 고통을 유발한다고 보는 것이다. 이 이론에서는 이득과 손실의 크기가 작을수록 사람들이 좀 더 이득과 손실에 민감하게 반응한다고 주장한다.

여기에 더해 같은 금액이라도 현금에 대한 고통을 훨씬 강하게 느낀다는 점에도 주목할 필요가 있다. 동일 금액이라도 현금을 바라보는 감각이 훨씬 강하다는 것이다. 앞에서 언급한 유류비를 가지고 예를 들어보겠다. 아마도 유류비 지급에 있어서 그 돈을 급여에 넣거나 복지카드에 넣어서 지급하는 것이 일반적인 패턴일 것이다. 혹시나 지불 방식을 바꿔서 현금으로 10만 원을 지급한다고 한다면 그 기쁨은 2배로 늘어날 것이다. 회계상의 업무가 번잡스러워서 실시하지 못하는 경우가 많지만, 사실 마음만 먹으면 그리 어려운 일은 아니다. 혹시 직원들에게 갑작스러운 기쁨을 안기고 싶다면 현금으로 지급하는 것도 고려해볼 만하다는 것이다. 그 정도로 현금에 대한 감각이 훨씬 크다는 것을 말하고자 함이다.

나는 이런 느낌을 아르바이트 학생들과 함께하면서 여러 번 경험한 적이 있다. 우리는 교육 교재나 연수 교재의 정확한 의미 전달이나 수강생 반응에 대한 측정을 위해서 대학생들을 단기로 고용하여 수정 작업을 할 때가 많다. 한번 모집하면 대략 10여 명 전후의 학생들을 고용하고 1~2주 정도 작업을 한다. 이들과 함께하면서 항상 흥미롭게 생각했던 것은 점심 식대의 지불 방법이다. 점심 식대를 현금으로 지급하는 경우와 지정된 식당에서 먹고 확인 사인을 하라고 지시하는 경우에 학생들의 표정이 다르게 나온다는 사실이다. 당연히 현금으로 점심값을 받을 때의 표정이 훨씬 밝아 보인다. 반대로 현금으로 지급하던 점심 식대를 사인으로 바꾸었을 때의 표정은 그리 좋아 보이지가 않는다. 왜 그럴까?

위에서 잠깐 소개한 유류비의 상황도 마찬가지다. 유류비를 자신의 현금으로 지급하는 상황을 한번 떠올려보도록 하자. 자기 지갑에서 자신의 돈이, 그것도 현금으로 나갈 때의 고통을 앞에서 소개한 '전망 이론'에 빗대어 설명해보도록 하겠다. '전망 이론'에 따르면 자신에게 10만 원이라는 돈이 생겼을 때의 기쁨과 10만 원이 빠져나갈 때의 고통은 같지 않으며 1.5배 더 큰 고통이 따른다고 한다. 지급하던 유류비를 갑자기 멈추었을 때, 직원들이 느끼는 고통의 크기는 늘어나고 이는 회사에 대한 불신으로 이어진다. 때문에 직원들을 위한 복지 제도의 시행은 최초 설계할 때부터 깊은 숙고가 필요하다.

신용카드 발급 기준을 대폭 낮춘 이유

이에 더해 돈에 대해 느끼는 값어치에 대해서도 깊이 생각해야 한다. 같은 금액이라도 눈에 보이는 돈의 값어치와 눈에 보이지 않는 값어치에는 큰 차이가 있기 때문이다. 이런 심리를 이용해서 나온 것이 신용카드다. "사람들의 소비 촉진을 위해서 눈에 보이는 고통을 없애라!" 이런 슬로건으로 시작된 것이 '신용카드'의 탄생이다.

우리나라도 소비 촉진을 위해서 카드 사용을 독려했던 시절이 있었다. 1998년 우리는 IMF 금융위기로 위축된 국민들의 사기를 진작시키기 위해 대대적인 소비촉진운동을 벌인다. 적극적인 홍보 캠페인에도 불구하고 소비 심리가 살아나지 않자 정부가 묘수 하나를 들고나왔다. 신용카드 발급을 늘리기로 결정한 것이다. 신용카드 수를 늘려서 소비를 늘리기로 한 것이다. 눈에 보이는 현금보다는 눈에 보이지 않는 신용카드가 돈을 지불하는 고통을 줄여주어 소비를 촉진하는 데 도움이 된다는 것은 널리 알려진 사실이다. 생각이 이에 이르자 신용카드 발급을 늘리기 위해서 기존에 제한을 두었던 발급 자격 요건을 대폭 개선한다. 신용카드를 받을 수 있는 자격 기준을 대폭 완화하여 발급 수를 2배, 3배, 10배까지 끌어올린 것이다.

결과적으로 이 제도는 신용불량자의 양산이라는 부작용을 낳긴 했지만 소비 촉진이라는 원래의 취지에는 큰 도움이 되었다. 덕분에 소비가 살아나고 경제에 생기가 돌았기 때문이다. 이런 사례에서도 보듯이 신용카드는 확실히 돈을 쓰면서 느끼는 고통을 잊게 해주는 효과가 있다. 현금이 나갈 때 느끼는 고통을 완화시켜주어 사람들에게 인기를 얻기 시작한 것이다. 신용카드 사용이 장려되기 시작한 2000년과 2009년의 통계를 비교해보면 '눈에 보이지 않는 현금'이 소비에 얼마나 도움이 되는지를 금방 알 수 있다. 10년도 안 되는 기간에 신용카드 발급 매수와 거래 금액이 모두 두 배로 늘어났기 때문이다.

물론 신용카드가 단순히 현금 지급에 대한 고통을 없애기 위해 사용되는 건 아니다. 동전을 대체하는 효과도 크다고 생각한다. 나 같은 경우 요즘에는 동전을 가지고 다니는 게 너무 불편해

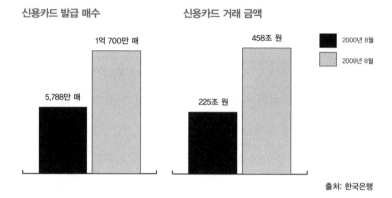

신용카드 발급 매수   신용카드 거래 금액

1억 700만 매

458조 원

■ 2000년 8월

□ 2009년 8월

5,788만 매

225조 원

출처: 한국은행

서 대부분의 소액 결제는 카드로 대신한다. 소액의 경우는 동전을 대신해서 사용하고, 액수가 큰 금액의 경우는 고통 감면을 위해서 신용카드를 사용하는 듯한 느낌이다. 이 글을 읽고 있는 독자분들도 나와 같은지 궁금하다.

그럼 여기서 질문을 보내온 회사의 상황으로 돌아가서 이야기를 이어가도록 하자. 사내 카페에 들어가는 보조금을 쿠폰으로 만들어서 각자에게 지급하면 어떨까? 그리고 그 쿠폰의 개인별 지급액도 한도를 정해주는 것이다. 예를 들면, 1잔에 4,000원짜리 커피라고 한다면 2,000원짜리 쿠폰을 1인당 월 20장이라는 식으로 한도를 정하고 나머지는 각자의 비용으로 지출하게 하는 것이다. 여기에 매장 이용자와 테이크아웃 이용자의 본인 부담 비용을 달리해보자. 이렇게 하면, 꼭 필요한 만큼만 이용하는 효과가 생길 것이다. 또한 단기로 끝나는 복지가 아닌 오랜 시간을 이어가는 안정적인 제도가 될 것이라고 생각한다.

12

혜택이 중단되면
반발이 따른다

Question

우리는 해외에 연락사무소를 운영하고 있다. 미국을 포함하여 대륙별로 5개 지역에 주재원을 파견하고 있는데 최근 어려워진 회사 사정으로 주재원에 대한 경비 지원 금액을 줄이기로 결정했다. 그러자 여기저기서 불만의 목소리가 들려오기 시작했고 심지어 경쟁사로 이직을 하는 직원도 발생했다. 좋은 해결책이 없겠는가?

미국, 일본과 같은 선진국의 경우 해외 주재원으로 나갈 때 혼자 나가는 경우가 많다. 물론 가족 동반도 없지는 않으나 거의 본국에 가족을 남겨두고 혼자서 파견국으로 가는 경우가 많다. 그러나 우리나라의 경우 후진국으로의 파견을 제외하고는 거의 대부분 가족을 동반하여 나가는 경우가 보통이다. 때문에 어떤 때는 본인에게는 혜택이라고 제안한 것들이 가족에게는 불리한 조항도 있어서 파견을 꺼리는 경우도 발생하곤 한다. 주재원 파견 제도를 설계할 때는 이런 점도 감안해서 설계하는 것이 좋겠다.

본론에 들어가기 전에 '보상과 처벌'에 대한 원론적인 이야기부터 하려고 한다. 예전에는 '당근과 채찍'이라는 용어가 자주 쓰였는데, 요즘은 그런 단어는 쓰지 않는다. 당근과 채찍, 즉 보상과 처벌에 있어서 80년 전에 이루어진 고전적인 실험 하나를 소개해 보고자 한다. 일명 크레스피 효과^{Crespi Effect} 라고도 불리는 심리학 분야의 유명한 실험이다.

1942년 미국의 심리학자 레오 크레스피^{Leo Crespi}가 인간이 아닌 다른 생명체도 보상이 통하는지를 알아보기 위해 쥐들을 대상으로 성과 보상에 대한 실험을 했다. 우선 크레스피는 미로 찾기에서 성공할 때마다 A집단의 쥐에게는 먹이 1개씩을 보상으로 주었고 B집단의 쥐에게는 먹이 5개를 보상으로 주었다. 그 결과 A집단보다 B집단의 쥐들이 훨씬 빨리 미로에서 탈출하는 것을 목격하게 된다.

이번에는 반대로 A집단의 쥐에게는 보상을 5개로 늘리고 B집단의 쥐들에게는 보상을 1개로 줄여보았다. 그랬더니 이번에는 A 집단의 쥐들이 B집단의 쥐들보다 더 빨리 미로 탈출에 성공을 한다. 반면 B집단의 쥐들은 A집단이 앞서 보여주었던 성적보다도 더 낮은 성공률과 수행률을 보였다고 한다. 즉, 보상이 큰 차이로 낮아진 경우에는 수행률 역시 급격하게 감소되고, 큰 차이로 증가할 경우에는 수행률도 급격하게 상승되었던 것이다.

여기서 보상과 처벌은 흔히 '당근과 채찍'으로 불리는 것들이다. 이 실험 결과를 근거로 크레스피는 수행자 행위의 변화 및 능률의 향상을 위해서는 당근과 채찍의 강도가 점점 더 커져야 한다고 주장하게 된다. 여기서 유래된 '크레스피 효과'는 '이전과 비교하여 더 많은 보상과 처벌이 행위의 변화 및 수행률을 위해 필요하다'는 뜻으로 쓰이기 시작했다. 다시 말해서 보상은 이전에 주었던 것보다 그 금액이 커야 효과가 나오고, 처벌은 이전의 손실 체감보다 더 큰 체감을 느끼게 해야 효과를 얻을 수 있다는 말로 해석하게 된 것이다.

다이어트의 보상은 금

동기부여를 위해서는 더 많은 보상, 더 큰 체벌이 필요하다고 크리스피는 말했다. 그렇다면 이와는 반대로 그러한 동기가 제시되다가 중단되면 어떤 현상이 발생할까? 즉, 주었다가 빼앗는 상황이다. 실제로 그런 가상의 상황이 일어난 사례가 있다. 중동의 부

자 나라 두바이에서 일어난 일명 '비만 방지 프로젝트'다. 그리고
또 하나는 3년 전 우리나라에서 있었던 '한유총 사태'다.

먼저 일명 '비만 방지 프로젝트'에 얽힌 일화를 소개하고자 한
다. 중동의 부자 나라 두바이에 골치 아픈 일이 발생했다. 국민들
의 비만 문제가 사회적 문제로 대두되기 시작한 것이다. 돈이 많
은 부자 나라이다 보니 일을 안 해도 되자 국민들의 비만도가 점
점 높아지기 시작한 것이다. 비만의 증가는 다시 일하고자 하는
의욕의 감퇴를 부르고, 덩달아 정부의 의료비 지출도 증가하게 된
것이다. 사태의 심각성을 깨달은 두바이 정부가 한 가지 아이디어
를 내기에 이른다. 일명 '다이어트 보상 프로그램'이라는 이름으
로 몸무게를 줄이게 되면 빠진 몸무게에 비례하여 일정량의 금을
지급하기로 한 것이다.

정부는 우선 2014년 5월부터 3개월을 다이어트 기간으로 설정
하고 이 기간 동안 감량한 양에 따라 보상해주기로 결정했다. 체
중 1킬로그램 감량에 금 1그램을 보상으로 준다고 발표를 한 것
이다. 다이어트 보상 프로그램이 실시되고 3개월이 지난 후 두바
이 정부가 체중을 감량한 사람들에게 지출한 금액은 우리 돈으로
거의 1,000억 원에 가까웠다고 한다.

그런데 3개월간의 보상 기간이 종료되고 나자 예상치 못한 일
이 일어났다. 보상을 주는 기간이 지나고 더는 아무런 보상이 없
어지게 되자, 사람들이 다시 살을 찌우기 시작한 것이다. 아니 오
히려 비만도가 더 늘었다고 한다. 그동안 참아왔던 음식 섭취량이

급격하게 증가한 것이다. 국민들의 비만율은 다시 높아지기 시작했고, 결국 캠페인 이전의 상황보다도 더 악화된 비만율을 보이기 시작한다. 그러나 이번에는 금으로 보상하지 않기로 두바이 정부는 결정을 내렸고 다이어트 보상 프로그램을 종료하기에 이른다.

두바이 사람들에게 있어서 다이어트로 얻게 되는 보상은 시간이 지나면서 당연한 것으로 여겨졌다. 당연히 손에 들어올 것으로 인식되었던 보상이 노력을 기울여도 더는 들어오지 않는다고 생각하니 노력하고 싶은 의욕이 달아나버린 것이다. 이를 가리켜 획득 프레임의 보상책이라고 부른다. 반면 일정 금액을 지급한 후에 약속을 지키지 않을 경우 주었던 것을 반환하게 하는 보상책도 있는데, 이를 손실 프레임이라고 부른다. 그렇다면 획득 프레임과 손실 프레임 중에 어느 쪽이 더 강력한 동기부여를 부를까? 어느 쪽의 보상책이 더 큰 효과를 발휘하는 것일까?

이와 관련해 캐나다 토론토 대학의 탄짐 호사인^{Tanjim Hossain} 교수가 중국에 있는 유명 전자기기 회사의 직원들을 대상으로 실험을 해보았다. 성과급을 주는 쪽이 효과적인지, 아니면 주었던 성과급을 빼앗는 것이 더 효과적인가에 대한 실험이었다. 즉, 사람들은 획득 프레임과 손실 프레임 중에 어느 쪽에 더 크게 반응하는지 알아보기로 한 것이다. '성과급 프레임의 조작을 통한 생산성 향상^{The Behavioralist Visits the Factory: Increasing Productivity Using Framing Manipulations}'(2012)이라는 제목으로 발표된 논문의 내용을 정리해보았다.

연구 방법 실험 대상이 된 기업은 수만 명의 직원을 보유하고 있는 중국의 완리다[Wanlida] 그룹이다. 참고로 완리다 그룹은 중국 복건성에 위치한 방송 장비 제조업체로서 오디오와 비디오, GPS, 가정용 소형 전자 제품을 만들며 중국 100대 전자회사에 들어가는 규모가 꽤나 큰 전자 기기 메이커다.

연구진은 우선 제품을 만드는 사업부별로 총 8개의 실험 그룹을 만든 후에 그 그룹 내에서 다시 2~3개의 복수의 팀을 만들었다. 이렇게 만든 총 8개의 그룹 중에서 G1~6의 6개 그룹에는 8주에 걸쳐, 7번째 그룹은 16주에 걸쳐, 8번째 그룹에는 12주에 걸쳐 미리 준비한 획득과 손실의 보상책을 제시하고 각 그룹별로 생산성 효과를 측정해보기로 했다.

획득 프레임과 손실 프레임의 라운드별 생산성의 비교

	(1)	(2)	(3)	(4)
보상	0.0835** (0.0317)	0.0830** (0.0310)	0.0829** (0.0315)	0.0837** (0.0324)
손실	0.0998*** (0.0317)	0.1003*** (0.0310)	0.1004*** (0.0310)	0.0996*** (0.0324)
라운드별 적용 시기	5주	6주	7주	8주
특별 시간 수정 효과	있음	있음	있음	있음
샘플 수	82	82	82	82
수정 설정 계수	0.9939	0.9942	0.9940	0.9937
F-통계적 보상=손실	5.86**	6.82**	6.84**	5.34**

실험 대상자들에게 제시된 보상책의 내용은 크게 두 가지로 구성이 되었다. 하나는 획득 프레임이고 나머지 하나는 손실 프레임

이다. 획득 프레임을 제시받은 팀에게는 "팀의 시간당 생산성이 *** 이상이 되는 주에는 성과급으로 80위안을 지급할 것이다. 예를 들어 생산성 목표를 달성한 주가 2주라면, 총 160위안을 받게 될 것이다"라는 내용의 편지를 보냈다. 동기부여의 프레임을 '획득 관점'으로 설정한 것이다.

그리고 손실 프레임의 직원들에게는 "앞으로는 4주 동안 당신은 기본급 외에 320위안의 성과급을 일시에 받게 될 것이다. 하지만 팀의 시간당 생산성이 *** 미만인 주에는 성과급이 80위안씩 줄어들 것이다. 예를 들어, 생산성 목표에 미달한 주가 2주일 경우 모두 160위안이 줄어들어 나중에 160위안만 받게 될 것이다"라는 내용의 편지를 보냈다. 동기부여의 프레임을 '손실 관점'으로 설정한 것이다. 이렇게 획득과 손실을 번갈아 제시하면서 주 단위로 생산성의 높낮이를 체크해보기로 했다.

연구 결과 결과는 획득 프레임이든 손실 프레임이든 양쪽 모두 생산성 향상에 도움이 되는 것으로 나타났다. 그런데 손실 프레임에 속한 직원들의 생산성이 획득 프레임보다 상대적으로 높게 나왔다. 다시 말해서, 성과급의 효과를 보기 위해서는 우선 지불한 다음에 '약속을 지키지 못하면 다시 반납하라'는 메시지가 훨씬 더 효과적이라는 것을 알 수 있다. 손실 프레임의 보상 설계가 훨씬 효과가 높다는 의미를 담고 있는 것이다.

누리던 혜택이 끊긴다면

이와 관련하여 개인적으로 목격한 재미있는 에피소드가 있다. 신분이 바뀌면서 본인이 누리던 혜택이 사라지자 불만이 생긴 어느 사장에 관한 이야기다. 작은 중소기업을 운영하던 지인 한 분이 경영상의 어려움으로 자신의 회사를 큰 회사에 팔기로 결정을 내렸다. M&A의 조건으로 약간의 현금과 최소 3년간은 지금의 회사에서 사장으로서 일할 수 있다는 단서 덕분에 개인적인 생활은 이전보다 훨씬 나아졌다고 한다. 예전처럼 변함없이 CEO로서 회사의 경영을 이어갈 수 있게 되었을 뿐만 아니라 인수한 회사로부터 지급된 상당한 양의 자금 지원으로 마음의 부담도 크게 줄게 되었다.

"대표님, 개발 자금 마련 때문에 걱정할 필요도 없고, 월급날마다 돈 빌리러 다닐 필요도 없고, 이제는 몸과 마음이 편하시죠?"라는 나의 질문에, 예상치 못한 답변이 돌아왔다. "다 좋은데, 법인카드 사용에 제약이 많아서 여간 불편하지가 않네요. 인수한 회사에서 내려온 회계 담당자가 일일이 체크하는 바람에 카드를 마음대로 쓸 수 없는 상황이 되어버렸어요…."

무얼 의미하는 것일까? 작은 기업의 오너일 때는 법인카드를 개인 용도로 쓰는 일이 많다. 일종의 특혜를 누린 것이다. 그러다가 신분이 바뀌어 통제를 받다 보니 개인 용도의 법인카드 사용이 쉽지 않아 불만이 생긴 것이다. 진심이 어느 정도 들어갔고 농담이 어느 정도 들어갔는지는 정확히 확인할 길이 없다. 그분만이 알 수 있는 사실이기 때문이다. 다만 다른 조건들이 다 좋아졌는데도 카드 사용 한도가 조금 낮아졌다고 불만을 느낀다는 사실에서, 누리던 혜택이 중지되었을 때 느끼는 상실감은 돈이 있는 사람이든 없는 사람이든 다 똑같다는 사실이 인상 깊었다.

2년 전에 일어났던 '한유총 사태'도 비슷한 경우라고 생각한다. 2018년 3월 초 사립 유치원들이 단체로 개학을 연기하기로 결정하고 집단행동에 나선 일이 발생했다. 이유는 정부가 '유치원 3법'을 추진하겠다고 발표했기 때문이다. 유치원 3법은 구체적으로, 첫째는 유아교육법 개정안, 둘째는 사립학교법 개정안, 세 번째로 학교급식법 개정안을 말한다. 그중에서도 사립 유치원 원장들이 가장 크게 반발한 부분은 유아교육법 개정안에 포함된 '에듀파인'이라는 회계 프로그램의 의무 사용이었다.

그렇다면 이들은 왜 회계 프로그램 하나에 아이들을 볼모로 잡고 유치원 문을 닫겠다고 엄포를 놓으며 집단행동에 나선 것일까? 여기에도 바로 크리스피 효과의 부작용이 작동한 것이다. 앞에서 소개한 두바이의 비만 방지 프로젝트의 경우와 비슷하다. 주던 것을 주지 않게 되면 역작용이 일어나는 것이다. '에듀파인'이라는 회계 프로그램은 유치원의 돈의 흐름을 정부가 필요할 때마다 살펴볼 수 있는 시스템을 말한다. 그런데 이렇게 되면 필연적으로 기존에 받았던 지원금이 줄어들기 때문에 프로그램 설치를 반대하는 것이다.

정부는 그동안 공립 유치원이 부족한 실정—우리나라 유치원

비중은 공립이 20퍼센트, 사립이 80퍼센트를 차지하고 있다―을 감안하여 유치원을 새롭게 짓는 대신에 사립 유치원에 지원금을 지급해왔다. 아이들 교재비, 방과 후 특별 활동, 급식비, 교원 인건비 등을 포함하여 그 돈이 자그마치 1년에 4조 원에 달한다. 그런데 이렇게 지출되는 돈에 대한 체크가 없다 보니 유치원을 운영하는 원장들의 개인 비리가 생겨난 것이다. TV에 방영되어 국민적 공분을 샀던 00유치원의 경우 원장이 지원금으로 백화점 쇼핑에 명품 가방과 성인용품을 사는 등 약 7억 원을 부정 사용했다가 적발되었다고 한다.

이런 부정 사용을 막기 위해 정부는 사립 유치원에 대해 국가 전산망과 연계된 회계 프로그램의 사용을 요구하고 있는 것이다. 그러나 그들 입장에서 보면 '에듀파인'의 도입은 단순한 회계 프로그램의 사용이 아니라는 것이 중요한 포인트다. 지금까지 원장의 개인 재량으로 자유롭게 써오던 돈을 이제부터는 맘대로 쓸 수 없다는 사실이 그들로 하여금 손실 고통을 느끼게 만든 것이다. 법률안에 따르면 지원금을 근거 없이 쓰거나 부정 사용하다가 적발되면 지원금 삭감은 물론이거니와 고발 조치까지도 있을 것으로 공표되어 있다. 그럼에도 투명 경영으로 인해 발생할 보조금 삭감에서 손실 고통을 느끼고 있는 것이다.

그렇기 때문에 이미 시행되고 있는 보상책을 폐지하거나 그 양을 줄이거나 할 때는 신중을 기해야 한다. 혜택을 늘려가는 정책에 있어서는 그 누구도 반대할 사람은 없다. 하지만 주었던 혜택을 줄이는 상황으로 반전된다면 반발이 일어난다. 그렇다면 회사의 사정상 도저히 그 혜택을 유지해갈 수 없을 때는 어떤 방식으로 정리하면 좋을까? 우선은 정책 변경을 하게 된 이유를 공표하고 이해를 구해야 한다. 다음은 개별적 이해타산을 빼고 순전히 어떤 방책이 회사의 이익에 부합하는지 그것만을 생각하면서 관련자들의 의견을 모으는 데서 시작하는 것이 우선일 것이다.

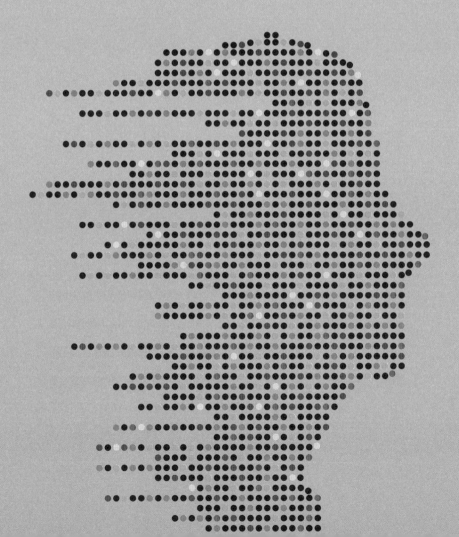

4장

성과의 비밀

13
익숙한 것에서
벗어나야 한다

Question

와인. 보드카와 같은 해외 주류를 수입해서 판매하는 일을 하고 있다. 초창기 이 시장에 뛰어들어 바닥을 일군 덕분에 업계의 선두 그룹에서 비교적 안정적으로 사업을 영위하고 있다. 그런데 최근 들어 위기감이 생기기 시작했다. 후발 주자들이 우리 자리를 위협하고 있기 때문이다. 뭔가 변화가 필요한 시점인 듯하다. 모두에게 뭔가 변화를 주고 싶은데 어디서부터 시작해야 할지 모르겠다.

비즈니스는 흐르는 강물에서 강을 거슬러 올라가는 물고기와 같은 것이다. 위로 올라가려 부단한 노력을 하지 않으면 그대로 떠내려간다는 의미이다. 사람도 마찬가지다. 새로움을 받아들이고 경쟁력 있는 무기를 갖추지 못하면 '구닥다리 고물'로 낙인찍혀 아무도 상대해주지 않는다. 이것이 바로 새로움과 변신을 위한 부단한 노력들이 기업이든 개인이든 모두에게 필요한 이유이다.

이런 상황을 대변하는 대표적인 경영 우화가 '열탕 속의 개구리' 이야기다. 간단히 설명하면 이렇다. 탕 속에 개구리를 집어넣는다. 그리고 서서히 물을 끓이기 시작한다. 그런데 온도가 올라가는데도 개구리는 뜨거운 온도를 느끼지 못한다. 그래서 죽음을 맞이한다. 반대로 펄펄 끓어오르는 물에 개구리를 집어넣는다. 그랬더니 이번에는 뜨거운 온도에 놀란 개구리가 놀라운 점프력을 발휘하여 탕으로부터 탈출하는 데 성공해서 살아남는다는 이야기다.

질문한 분이 느끼고 있는 걱정은 단순한 우려가 아니다. 아마도 수년 내에 틀림없이 현실로 다가오게 될 것이다. 이렇게 말하는 이유가 있다. 지금 그쪽 시장에서 돌아가는 비즈니스 환경의 변화를 내가 직접 확인하고 있기 때문이다. 내가 아는 후배가 와인을 수입해 유통하는 일을 하고 있는데, 계획하고 있는 이벤트나 고객 확보 전략을 얼마 전에 눈으로 확인할 기회를 가진 적이 있었다. 정말 '어떻게 저런 생각을 할 수 있었지?'라는 생각이 들게 만드는 기발한 아이디어들이 넘쳐나고 있었다. 해오던 방식 그대로를 답습하고 있는 선발 주자들은 긴장해야 할 것이다.

후배의 영업 전략은 아직 세상에 공개되지 않은 영업 비밀에 속하는 것이라 여기서 말하기는 어렵다. 대신 비슷한 사례를 하나 소개함으로써 후발 주자들이 얼마나 분투하고 있는지를 설명하고자 한다. 막걸리와 관련된 이야기다. 알코올이라는 카테고리 안에 들어가는 비슷한 주류이기도 하거니와 지금은 공개적으로 알려진 성공 비화이기 때문에 다소 도움이 되지 않을까 해서 꺼내 본다. 바로 '지평막걸리'와 관련된 에피소드이다.

장수막걸리와 지평막걸리

지평막걸리에 대해 말하기 전에 막걸리라는 일반적인 주류에 대해 먼저 이야기해보기로 하자. 알다시피 막걸리는 우리나라 고유의 술이다. 대부분의 중장년들에게는 막걸리에 대한 추억이 없을 수가 없는데, 나 같은 경우는 아버지 심부름으로 역 근처에서 판매하는 단먹걸리를 자주 사러 갔던 기억이 난다. 배달을 하면서 살짝, 아주 살짝, 아버지가 모를 정도의 분량만 한 모금씩 마시곤 했는데, 어느 날은 너무 많이 마시는 바람에 심부름하다가 쓰러지는 대형 사건으로 번진 적도 있다.

예전에는 막걸리를 가정집에서 만들어 마시거나 동네 양조장에서 만들어 팔고 그랬다. 그러나 지금은 그렇게 하지 않는다. 우리나라에서 유통되는 막걸리의 거의 70퍼센트가 서울막걸리라는 곳에서 제조 판매하고 있다. 서울막걸리는 전국의 막걸리 양조장들 중에서 나름 영향력이 있는 지역 유지들이 연맹해서 만든 협동조합 형태의 민간기업체이다. 자금력뿐만 아니라 전국적인 유통망도 가지고 있어 여기서 판매하는 '장수막걸리'는 막걸리의 대명사로 통한다.

그리고 20퍼센트 정도는 오랜 시간 지역 주민과 함께 역사를 같이하고 있는 현지의 지역 막걸리다. 지역 주민들과의 *끈끈한* 네트워크가 형성되어 있어 아직까지는 생존하고 있지만 전국 단위의 막걸리 파워에 눌려서 *빠른* 속도로 사라져가고 있는 상황에 있다. 나머지 10퍼센트는 막걸리 애호가들이 만들고 있는 맞춤형 개인 브랜드다. 평범한 가게에서는 볼 수 없지만 신촌이나 성수, 강남 일대에서는 나름 인기를 끌고 있는 개인 브랜드들이 하나둘씩 나타나기 시작하고 있다. 이 시장은 거의가 마니아 층을 중심으로 움직이고 있기 때문에 보통 사람들 눈에는 잘 띄지 않는 단점을 가지고 있다.

막걸리 시장의 일반적인 시장 분포는 대략 위와 같은데, 여기서 고민에 *빠진* 시장이 바로 지역 기반의 토호 막걸리 업체다. 고객 기반이 서울막걸리와 겹치기 때문에 시장 확보가 여의치 않은 것이다. 이런 고민에 빠진 지방의 막걸리 회사들과 달리 지금 소개하고자 하는 지평막걸리는 변화와 혁신을 통해 비약적인 성장을 이루고 있다는 점에서 차이를 드러내고 있는 기업이다. 지금부터 그들이 어떤 전략을 펼쳐서 막혀 있던 시장을 열었는지를 소개하겠다.

일반 정보 지평막걸리의 공식적인 법인명은 지평주조다. 경기도 양평군 지평면 지평리에 있으며 설립 연도는 1925년이다. 원래 창업주는 따로 있었는데, 현재의 대표이사인 김기환 사장의 아버지가 그 창업주에게서 현재의 지평주조를 인수한 것이 모태가 된다. 현재의 사장이 아버지에게서 지평주조를 물려받을 당시의 회사 매출은 2억 원, 직원 수는 3명에 불과했다고 한다. 대학 졸업 후 홍보회사에서 일하던 김 사장은 아버지의 권유로 현재의 회사에 합류하게 되었다. 입사 초기에는 막걸리를 직접 만들기도 하고 차에 실어 배달도 다녔다고 한다.

해결 과제 홍보회사에 근무하면서 마케팅적 감각을 가지고 있었던 젊은 사장은 아버지 회사에 들어오고 이내 깊은 고민에 빠지게 된다. 막걸리의 주 소비층이 아저씨들인데 이들은 이미 장수막걸리에 익숙해져 있었기 때문이다. 브랜드 파워를 보나 생산원가를 보나 도저히 장수막걸리를 이길 자신이 없었던 것이다. 여기서 젊은 사장은 발상의 전환을 갖기로 한다. 막걸리가 아저씨들의 전유물이라는 고정관념을 깨부수자는 발칙한 상상을 한 것이다.

해결 방안
① 역사와 전통을 앞세운 브랜드 이미지의 확립

'since 1925'라는 슬로건으로 스토리를 만들기 시작했다. 운이 좋았는지 이런 스토리는 '전통은 아름다운 것'이라는 트렌드와 맞물리면서 SNS에서 선풍적인 인기를 끌기 시작했다. 분위기를 탄 김에 스토리와 감성이 담긴 홍보 문구와 라벨도 만들어서 주변에 퍼트리기 시작했다.

② SNS 마케팅

2030의 주류 소비 트렌드에 맞춰 지평과 어울리는 이색 안주를 개발하기 시작했다. 와인에 어울리는 안주, 막걸리에 어울리는 안주 그리고 막걸리와 와인의 절묘한 조합, 이런 식의 테마를 가진 스토리를 만들어내기 시작했다. 이는 막걸리의 올드한 이미지를 탈피하고 젊은 층을 공략하기 위해 실시한 마케팅의 일환이었는데 이게 또 SNS에서 화제가 되기 시작했다.

③ 인재 영입

김 사장은 원래 전공이 주류 분야가 아니었기 때문에 한계가 있었다. 그래서 주류 전문가를 영입하기로 한다. 그래서 배상면주가에서 영업본부장을 지낸 주류 영업의 베테랑을 스카우트하기로 마음먹는다. 그런데 이게 또 적중한다. 새로운 영업본부장이 들어온 후, 대리점 개설이 수도권을 넘어 광주, 부산 등 전국 단위의 대리점망을 구축하는 데 성공한다. 10여개에 불과하던 지평의 도매상이 2019년 기준 75개로 늘어났다. 덕분에 매출액이 아래의 도표처럼 폭발적인 성장을 하기에 이른다.

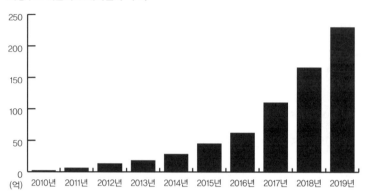

지평주조 매출액 & 대리점 수 추이

지금 생각해보면 별것 아닌 것처럼 보일지도 모른다. 웬만한 회사에서는 일상적으로 하고 있는 흔한 마케팅의 일부분이기 때문이다. 그런데 기존 막걸리 시장에 있는 사람들은 '막걸리는 아저씨들이 마시는 것'이라는 고정관념이 워낙 강해서 상상의 창이 전혀 열리지 않았던 것이다. 만에 하나 지평이 아닌 장수막걸리가 이런 생각으로 시장을 바라보았다면 어찌 되었을까?

보상은 새로운 생각을 방해한다

고정관념은 정말 무서운 것이다. 고정관념이라는 관성에서 탈출하는 것이 얼마나 어려운지를 증명한 유명한 실험 하나가 있다. 그 유명한 '촛불 실험The Candle Problem'이다. 칼 던커Karl Dunker라는 독일

태생의 미국 사회학자가 고안한 실험인데, 실험 과제는 테이블 위의 재료를 사용해 촛농을 바닥에 떨어뜨리지 말고 초를 벽에 붙이는 것이다. 여러분이라면 어떻게 붙이겠는가?

연구 결과 1 대부분의 경우 처음에는 문제가 풀리지 않다가 시간이 지나고 나면 해결책이 떠오른다. 이유가 있다. 그것은 바로 익숙한 정보와 익숙하지 않은 정보의 차이 때문이다. 촛불 실험의 사진을 보면 상자 안에 압정이 들어 있는 것을 볼 것이다. 이때 상자는 단지 압정을 담고 있는 보조적 역할을 하고 있을 뿐이다. 즉, 그 자체로는 중요한 역할을 담당하지 않는다는 것이다. 그래서 사람들은 상자에는 별로 신경을 쓰지 않는다. 압정과 성냥에만 온 신경을 쓰게 된다. 일종의 관성의 법칙이 작용하고 있는 것이다.

시사점 1 사람은 익숙한 정보를 먼저 탐색하는 경향이 있다. 뭔가를 벽에 붙여야 하는 상황에서 익숙한 정보는 압정이나 성냥을 쓰는 것이다. 처음에는 상자를 이용할 생각을 전혀 하지 못하다가 여러 번의 실패를 거듭하고 난 후에야 비로소 상자가 눈에 들어오게 되고 문제를 해결할 수 있게 된다.

연구 방법 2 칼 던커 이후 미국 프린스턴 대학의 샘 글럭스버그 Sam Glucksberg 교수가 동일한 소재로 보다 더 재미있는 연구를 추가로 진행한다. 칼 던커의 촛불 실험과 똑같은 상황에 보상을 추가

한 것이다. 샘 글럭스버그는 보상을 주는 집단과 주지 않는 집단으로 피험자를 구분했다. 그리고 초를 벽에 빨리 붙이는 사람에게 상금을 주겠다고 약속한다. 특히 상위 5퍼센트에게는 20달러, 상위 25퍼센트에게는 5달러의 상금을 주겠다고 약속한다.

연구 결과 2 보상을 건 집단은 초를 벽에 붙이는 데 평균 11분, 보상을 걸지 않은 집단은 평균 7분 30초가 문제를 해결하는 데 소요되었다. 그리고 보상이 있는 집단은 16번 실수를 하고 보상이 없는 집단은 10번 실수를 했다. 여기서 얻은 시사점은 이렇다. 처음 접하는 문제에 있어서 보상이 걸리면 문제를 푸는 시간도 더 오래 걸리고 실수도 더 많이 한다는 것이다.

연구 결과 3 이번에는 압정을 상자에 담지 않고 따로 놓기로 했다. 어떤 의미가 있냐고? 압정을 상자에 담아놓으면 상자는 보조 재료로 인식된다. 하지만 압정과 상자를 따로 놓으면 상자 역시 다른 재료들과 같은 주재료가 되는 것이다. 상자 박스는 우리가 생각하는 익숙한 재료가 되는 것이다. 이 상황에서 보상 유무에 따라 걸리는 시간과 실수를 측정해보기로 했다. 그러자 보상이 있는 집단은 문제를 푸는 데 평균 3.7분, 보상이 없는 집단은 4.9분이 걸렸다. 익숙한 상황에서는 보상을 주니 성과도 좋아지고 실수도 낮아지는 걸로 나타난 것이다.

실험 2와 3의 결과

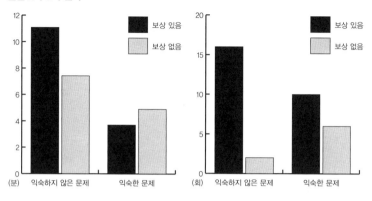

시사점 경험이 없는 익숙하지 않은 문제에 접근할 때는 보상을 걸면 관점이 좁아지게 된다. 시간 압박을 느끼게 되고 허둥지둥하다가 실수도 많아지고 시간도 더 오래 걸리게 되는 것이다. 반면, 익숙한 상황에서는 보상을 걸면 더 좋은 효과가 나온다. 여기서 얻을 수 있는 힌트는 익숙한 해답을 찾을 때는 보상이 긍정적 효과가 있고, 새로운 해답을 찾을 때는 보상이 오히려 부정적 효과로 작용한다는 사실이다.

여기서 질문을 주신 분께 제안을 드리고자 한다. 우선 금전적 보상으로 창의적 아이디어의 창을 열어보기 바란다. 모두가 와인이라는 매우 익숙한 상황에 오랫동안 몸담고 있었던 사람들이다. 우선은 익숙한 것에서 나올 수 있도록 와인이라는 카테고리에서 금전적 보상을 제시한 다음, 다음 단계의 새로운 시장으로 넘어가는 것이다. 단계별 전략으로 접근하자는 것이다. 지평주조의 신임 사장이 기존의 관점에서 생각하지 않고 전혀 다른 차원의 사고를 가지고 문제 해결에 접근했듯이 말이다.

우선 계속 존속하는 조직을 원한다면 지금의 익숙함에서 나와야 한다. "비워야 채울 수 있다"라는 말이 있듯이 새로운 생각이 들어오기 위해서는 기존의 익숙함이라는 상자가 비워져야 한다. 익숙한 생각에서 벗어나야 가능할 것이다.

14
위대한 모든 것은
작은 일에서 시작한다

Question

입사하고 10년 동안 한 부서에서만 일했다. 그런데 지난주에 갑자기 전혀 엉뚱한 부서로 발령이 났다. 회사에서는 좀 더 다양한 일을 체험하게 하려는 의도라고 말하면서 새로운 곳에서도 능력을 발휘해주면 좋겠다고 한다. 하지만 너무 생소한 분야로 발령받고 보니 솔직히 자신이 없다.

1999년 개봉한 〈매트릭스〉라는 이름의 SF 액션 영화가 있다. 인공지능 컴퓨터와 기계에 의해 인간이 양육되는 2199년의 미래 세계를 배경으로 하는 영화다. 당시에는 보기 드문 고난이도의 CG(컴퓨터 그래픽) 기술과 함께 은유나 암시로 가득 찬 스토리로 신앙과 철학이라는 깊숙한 테마의 표현을 양립시킨 작품이라는 평을 받았다. 1999년 아카데미상에서 시각효과상 · 편집상 · 음향상 · 음향편집상을 수상했고, 와이어 액션이나 불릿 타임bullet time 등의 VFXvisual effect도 화제가 되었다.

이 영화의 하이라이트 중에 반군의 우두머리인 '모피어스'가 주인공 '네오'에게 알약 두 개를 주는 장면이 있다. "파란 것을 먹으면 편안한 가상의 세계로 되돌아가고, 빨간 약을 먹으면 AI와 싸우는 진실의 순간을 맞이한다"라고 말하면서 편안한 거짓과 처절한 현실 가운데 선택하라는 대화가 이어진다. 여기서 주인공 네오는 빨간 약을 먹는다. 그러자 지금까지 평안했던 가상의 현실이 반전하며, 액체로 채워진 인큐베이터 안에서 알몸의 상태로 깨어나는 진실의 순간을 맞이하면서 영화는 시작된다.

영화에서는 주인공이 공포의 빨간 약을 주저 없이 먹었지만 현실에서는 그게 쉽지가 않다. 사람은 기본적으로 익숙한 것에서 벗어나지 않으려고 하는 관성의 법칙에 얽매여 있기 때문이다. 익숙함에서 벗어나지 않으려는 심리, 현재 상태에 안주하고자 하는 심리, 리스크를 안지 않으려고 하는 심리 등의 이런 모든 것들이 관성의 법칙에 해당된다. 이런 관성에서 벗어나 새로운 도전을 시도

한다는 건 솔직히 쉬운 일이 아니다. 두려움이 앞서는 게 당연하다. 그렇다고 그게 두려워 아무런 시도를 하지 않는다는 건 네오가 파란 약을 먹는 것과 같다. 영혼을 팔아 편안함을 얻는 것이다.

　나의 이야기를 하면 조금 도움이 될지도 모르겠다. 나는 3년 전에 창업하여 지금의 일을 하고 있다. 솔직히 말하면, 처음부터 자의적인 결심으로 창업을 한 건 아니다. 어쩔 수 없었던 환경적 영향이 컸다고 말할 수 있다. 일본 본사 경영진의 대대적인 세대교체로 인하여 해외 지사 및 지방 사무소의 책임자들이 대거 회사를 나와야 하는 상황에 놓이게 된 것이 퇴사의 가장 큰 이유였다.
　조직을 떠나라는 말을 듣고 나는 큰 고민에 빠지게 되었다. 새로운 직장에 다시 취업을 해야 하나? 아니면 나의 사업을 시작해야 하나? 결국 선택은 둘 중 하나가 될 수밖에 없다. 여기서 나를 잘 알고 있는 우리 분야의 앞서가는 선배들 다섯 분을 만나보기로 결심한다. 이유는 나보다 앞서 걸어가셨으니 지금의 영역에서 성공하기 위해서는 어떤 능력과 어떤 자질이 필요한지 잘 알고 있으리라 생각했기 때문이다. 거기에 더해 나를 잘 알고 있으니 내가 어떤 선택을 하는 것이 좋을지 조언도 충분히 가능하리라 생각했다.
　모두가 이구동성으로 나에게 건넨 조언은 "너의 비즈니스를 하라"는 말이었다. 즉, 창업하라는 말이었다. 이유는 크게 두 가지였다. '누구든지 비즈니스가 성공하기 위해서는 크게 두 가지가 필요하다. 첫 번째는 그 분야에 대한 풍부한 경험이고, 두 번째는 당신을 도와줄 사람들이다. 그런데 당신은 이 둘을 전부 가지고 있지 않느냐? 그렇다면 무얼 망설이는가? 더 늦기 전에 자신의 비즈니스를 시작하라'는 취지의 말로 나를 격려해주었다. 그리고 나는 약간의 준비 기간을 갖고 지금의 연구소를 만들기에 이른다.

그러나 모든 세상일이 그렇듯이 계획한 대로 진행되지는 않았다. 아무리 경험이 풍부해도 고객에게 도움이 되지 못하는 경험은 쓸모가 없을뿐더러 아무리 많은 사람을 알고 지냈더라도 도와달라는 말에 반응하는 사람은 그리 많지 않았다. 창업하고 제일 마음이 아플 때가 평소 가깝게 지내던 사람들에게 외면당했을 때였다. 정말 가까운 사이라고 생각해서 도움을 요청했는데 거절당했던 때가 가장 힘든 순간이었다.

시작을 했고 일단 배가 항구를 떠났으니, 비록 막막하기는 했으나 그래도 앞으로 나아갈 수밖에 없는 상황이었다. 목표를 향해 노를 저어서 앞만 보고 달리기 시작했다. 그러다 보니 이제는 고정 고객도 좀 생기고 계속해서 새로운 과정도 오픈하는 상황에 있다. 이름도 알려지면서 여기저기서 강의 요청도 들어오고 있는 중에 다시 코로나 사태로 잠시 휘청거리는 상황에 처했다.

그래도 앞으로 나아가야 하지 않겠는가? 비록 앞이 보이지 않는 안갯속을 걷는 기분이 들더라도 멈추지 말고 앞으로 나아가는 것이 사업가의 숙명이라고 생각한다. 이는 비단 자기 사업을 하는 사람들만의 과제는 아니라고 생각한다. 진취적인 생각으로 조직에 새로운 바람을 불어넣고자 하는 사람이라면 반드시 가지고 있어야 할 마인드셋^{mindset}이다. 안주하지 않고 계속해서 도전하고 시도해보는 정신 자세가 그것이다. 이런 사람들이야말로 세상을 변화시키고 조직을 이끌어가는 리더들이라 말하고 싶다. 알리바바의 창업자 마윈 회장과 전 함평군수 이석형이 그런 사람이다. 그분들의 이야기를 잠시 소개하겠다.

난징의 마윈과 함평의 이석형

2020년 11월 11일 자정 중국판 블랙프라이데이인 광군제(독신자의 날) 행사의 종료를 알리는 숫자가 전광판에 표시되자, 중국 최대 전자상거래 업체 알리바바의 미디어 센터가 있는 상하이 엑스포 내 대형 전광판에는 4,892억 위안(약 84조 원)이라는 숫자가 붉은색으로 표시되었다. 알리바바의 온라인 쇼핑몰에서 이날 하루 동안 판매된 총 금액이다.

　해외에서는 '싱글즈 데이'로 이름이 알려진 중국 광군제의 거래액은 처음 온라인 행사가 시작된 2009년도에는 170억 원 정도로 규모가 그리 크지 않았다. 그러나 시간이 갈수록 비약적인 성장을 거듭하면서 2020년에는 2009년과 비교하여 5,000배에 달하는 기록적인 매출을 달성하게 되었다. 광군제의 성공과 함께 회사의 실적도 눈에 띄게 성장한다. 다음 그래프는 해마다 증가하는 알리바바의 싱글즈 데이 거래액을 나타낸다. 보는 바와 같이 매년 치솟

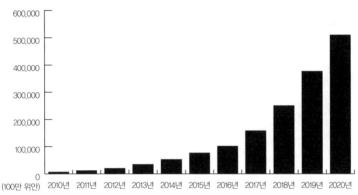

알리바바의 싱글즈 데이 거래액

600,000

500,000

400,000

300,000

200,000

100,000

0

(100만 위안) 2010년 2011년 2012년 2013년 2014년 2015년 2016년 2017년 2018년 2019년 2020년

는 액수가 눈을 의심케 할 정도이다.

싱글즈 데이를 소개한 이유는 알리바바를 선전하기 위함이 아니다. 알리바바를 창업한 마윈이 내디딘 작은 첫발이 지금 얼마나 큰 폭풍우가 되어 중국의 전자상거래 시장을 움직이고 있는지를 설명하기 위해서다. 원래 싱글즈 데이는 1993년에 난징대학의 학생들 사이에서 시작되었다고 한다. 솔로인 학생들끼리 모여서 서로를 위로하기 위해 선물을 주고받던 행사에서 유래가 되어, 급속도로 타 지역 학생들에게 전파되었다는 것이다. 이런 독신들의 단순한 선물 교환 행사에 아무도 관심을 갖지 않고 있을 때, 알리바바의 마윈은 그냥 지나치지 않았던 것이다.

난징대학 내의 자그마한 행사였던 '독신자의 날' 행사가 시작되고 16년이 지난 2009년, 마윈 회장은 "독신자의 날에는 물건을 사면서 외로움을 달래야 한다"라는 슬로건을 내걸었다. 혼자 사는 사람들에게 쇼핑의 즐거움을 선사하고 싶다는 명분 아래 쌍스이^{雙十一}라는 이름으로 자사의 사이트에서 취급하는 모든 제품에 대해 할인 판매를 하기 시작한 것이다. 이렇게 시작된 할인 행사가 지금은 84조 원대의 시장으로 팽창한 것이다. 이 모든 것의 시작은 '독신자의 날'이었다. 그냥 넘기지 않고 불쌍한 독신들을 위해서 뭔가를 해보기로 결심하고 실행에 옮긴 마윈 회장의 도전 정신에서 출발한 것이라고 말할 수 있다.

처음에는 모두가 반대했다고 한다. 외로운 싱글들이 PC 앞에 앉아 자신을 위해 쇼핑을 하리라고는 상상하지 못했기 때문이다. 집에서 외롭게 있느니 차라리 밖으로 나가 뭔가 혼자서라도 즐길 수 있는 야외 활동을 선호할 것이라고 생각했던 것이다. 설령 집 안에 있다 하더라도 무료함을 달랠 수 있는 게임 같은 활동을 좋아할 것이라고 생각했다. 돈을 쓰는 쇼핑이란 애인이 있는 연인들끼리 서로 주고받는 행위라는 고정관념에서 벗어나지 못한 직원들에게 마윈 회장은 이렇게 말했다.

"일단 시도는 해보자!"

이와 비슷한 사례가 우리나라에도 있다. 이석형 전 함평군수다. 전라남도 함평군은 산업자원과 관광자원, 천연자원이 전무한 '3무^無의 고장'으로 유명한 곳이다. 그가 군수로 취임한 1998년도만 하더라도 함평군은 전국 85개 지자체(군 단위) 중에서 재정자립도가 84위를 기록할 정도로 전국에서 가장 가난한 자치단체 중 하나였다. 이석형 군수는 가난한 시골에 뭔가 변화를 시도하고 싶은 마음이 일었다. 무미건조하게 지내는 주민들을 즐겁게 해주면서 시골 동네에 활력이 될 만한 뭔가 이벤트를 만들어주고 싶은 마음이 들었던 것이다.

이때 생각해낸 아이디어가 축제였다. 군수가 되기 전에 방송국 프로듀서로서 세계를 누볐던 이석형 군수가 무엇보다도 관심을 가졌던 분야가 조그만 시골 지역에서 펼쳐지는 페스티벌이었다고 한다. 그는 이런 이벤트로 타지 사람들을 끌어모으는 것만이 낙후된 함평을 살리는 유일한 길이라 생각하고 아이템을 고민하기 시작한다. 함평이라는 순수 자연의 이미지에 어울리는 아이템을 선정하기 위해 몇 달을 고민한 끝에 그는 '나비'를 생각해냈다. 청정 지역에 어울리는 쌀이나 한우 같은 것들은 이미 다른 지역에서 선점해버린 탓에 선택의 여지가 별로 없었다고 한다.

여기서 지역 공무원들의 반대가 줄을 잇는다. 모두가 반대했다. 왜냐하면 함평에는 나비가 없었기 때문이다. 하지만 이석형 군수는 물러서지 않았다. 깨끗한 시골 마을에 어울리는 이미지로 나비만 한 게 없었기 때문이다. 그는 지역에 없는 나비를 공수하기 위해 제주도로 날아갔다. 추운 겨울 제주도에서 잡아온 100마리의 배추흰나비를 온실에서 10만 마리로 번식시키는 데 성공했다. 1999년 4월, 드디어 '제1회 함평나비축제'를 개최하기에 이른다.

당연히 처음에는 썰렁했다. 나비의 수도 부족했지만 무엇보다 사람들에게 알려지지 않았기 때문이다. 하지만 그는 포기하지 않고 유명 인사들을 찾아다니며 "지역경제의 활성화를 위해 조금만

도와달라! 홍보대사가 되어달라!"고 요청했다. 시간이 지나면서 그의 순수한 마음에 사람들은 마음을 열기 시작한다. 시간이 가면서 다양한 이벤트와 각양각색의 곤충과 식물이 더해지고, 급기야 2019년도에는 입장객 수 31만 명, 입장료 수입만 10억 원, 농특산물 매출 4억 원, 부스 임대료 10억 원을 기록했다. "그때 포기했더라면 함평은 아직도 시골 산간 마을로 남아있었을 것이다. 돈보다도 생기가 도는 마을로 만들었다는 사실이 기쁘다"라고 그는 인터뷰에서 말했다.

부정 박스 효과

이런 작은 출발이 가능케 하려면 우선 두려움에서 벗어나야 한다. 사람을 포함한 영장류는 기본적으로 도전에 대한 두려움이 강하다고 한다. 항상 해오던 관성, 즉 익숙한 것에서 탈출하는 것이 어렵다는 것이다. 세계 3대 경영 그루 중 한 사람인 게리 하멜[Gary Hamel] 교수가 1996년에 발표한 논문을 인용하여 왜 우리는 익숙함에서 벗어나오는 것이 어려운지를 설명했다.

"천장에 바나나를 매달아놓고 원숭이에게 점프해서 그것을 먹게 했다. 점프에 성공하면 맛있는 바나나를 먹을 수 있지만 실패할 때에는 물세례를 맞도록 장치를 고안했다. 처음에는 설치대를 비교적 낮게 해서 바나나를 쉽게 얻을 수 있도록 했으나 점점 높게 하여 실패가 많아지도록 설계했다. 물세례를 맞는 경우가 많아지면서 원숭이들은 점프하려는 시도가 줄어들기 시작하더니 급기야는 어느 원숭이도 시도조차 하지 않으려 들었다. 나중에 새로 투입된 원숭이가 바나나를 향해 점프하려고 하자, 기존의 원숭이들은 이를 말리기까지 했다. 결국 새로 온 원숭이는 물세례를 경험한 적이 없는데도 바나나를 먹으려는 시도조차 하지 않게 되는 현상이 발생한다."

문제는 우리의 정신세계를 지배하고 있는 두려움에 있다. 하멜 교수는 이를 가리켜 '부정 박스$^{Negative Box}$ 효과'라고 하면서, 조직의 만성화된 부정적 태도와 무기력이 얼마나 무서운가를 보여주는 상징적인 실험이라고 덧붙였다. 모든 출발은 작은 시도에서 시작되지만 우선 그 전에 내 마음을 무겁게 하고 있는 부정 박스부터 걷어차는 용기가 필요하다고 말했다.

이런 부정 박스를 없애기 위해서는 새로움을 겁내서는 안 된다. 항상 새로움에 대한 시도가 있어야 한다. 새로운 것을 시도해보면서 작은 성공 체험을 맛보고 이렇게 맛본 성공 체험을 통해 자신감을 얻고 또 그러면서 조금 더 큰 도전을 해보는 것이다. 나는 마윈과 이석형의 성공 요인을 그들이 새로움에 대한 시도를 겁내지 않았다는 사실에 두고자 한다.

남이 해놓은 것을 보면 '이걸 누가 못 해!'라고 생각하겠지만 처음 이런 생각으로 접근하는 것 자체가 어려운 것이다. 그러나 그들은 이런 고정관념에서 과감히 벗어나 상자 밖으로 나감으로써 위대한 족적을 남긴 것이다. 작은 시도가 큰 변화의 발판을 마련해준 것이다. 그래서 일단은 시도해보는 것이 중요한 첫발이라고 주장하고 싶다. "작은 시도는 사람들도 큰 거부감 없이 수용한다"라는 말이 있다. 너무 큰 것을 바라기보다는 우선은 작은 출발이 사람들에게 거부감을 줄여주는 효과가 있다.

캐나다 토론토 대학의 조너선 프리드먼^{Jonathan Freedman} 교수가 스탠퍼드 대학에 있을 때 실험한 작은 심리 조사를 소개한다. 일명 '문간에 발 집어넣기^{Compliance Without Pressure: The Foot-in-the-Door Technique}' (1966)라는 이름으로 유명한 실험이다.

프리드먼 교수의 연구진은 미국 캘리포니아 주의 주부들에게 전화를 해서 가정에서 사용하는 제품들에 대한 몇 가지 질문에 답해주기를 부탁한다. 사흘 뒤 심리학자들은 다시 전화를 해서, 이번에는 가정에서 사용하는 제품의 개수를 세어보기 위해 대여섯 명의 남자가 집으로 방문해서 2시간 정도 찬장과 창고를 뒤져도 되는지 물어보았다. 그리고 연구진은 처음에 전화로 질문을 받은 주부들이 질문을 받지 않은 주부들에 비해 두 번째 부탁을 들어줄 가능성이 2배 이상 높다(52.8퍼센트 vs 22.2퍼센트)는 것을 알아냈다. 처음부터 큰 부탁을 한 사람보다 일단 사소한 부탁으로 상대방의 승낙을 받은 사람들이 이후의 큰 요청에도 성공을 이룬 것이다.

그리고 후속 실험을 이어간다. 연구진은 A와 B 두 집단의 사람들에게 자신의 집 앞마당에 '안전 운전 하십시오'라고 쓰인 커다랗고 보기 흉한 표지판을 설치해달라고 요청한다. A집단의 사람들에게는 이 요청 이전에 집 창문에 '안전 운전자가 됩시다'라고 쓰인 작은 광고지를 붙여달라는 부탁을 했었다. 그런데 작은 광고지를 붙인 A집단의 경우, 자기 집 앞마당에 표지판을 설치해달라는 요청에 대해 76퍼센트의 사람들이 요청을 들어주었다. 그러나 작은 광고지를 붙여달라는 부탁을 받지 않은 B집단은 앞마당에 표지판을 설치해달라는 요청에 대해 17퍼센트만이 응한 것으로 나타났다.

여기서도 최초의 사소한 부탁을 들어준 사람들이, 큰 부탁을 한 사람들에 비해 무리한 부탁에 대해서도 2배 정도 더 높은 수용률을 보여주었다. 공익적인 목적의 캠페인에 이미 응함으로써 공동체 의식을 보여준 사람들은 새로 들어온 요청에 심리적 압박을 받는다는 것이다. 설사 새로운 요청이 더 거창하고 번거로운 일이라 하더라도 수락하지 않으면 안 된다는 심리적 압박을 받는 것이다. 그래서 그들은 실험의 제목을 '문간에 발 집어넣기'라고 이름 붙였다.

너무 큰 것을 요청하면 거절당할 확률이 높다. 마찬가지로 너무 큰 것을 바라고 하는 시도는 실패할 확률이 높다. 우선은 작은 것부터 시도하면서 주변인들을 조금씩 내 편으로 만들어가는 것이 중요하다. "나비의 작은 날갯짓이 큰 폭풍우가 된다"라는 말이 있듯이 포기하지 않고 계속 가노라면 언젠가는 반드시 함께하는 사람들이 나타날 것이고 세상이 나를 알아줄 날이 올 것이다.

15
성과는 개인이 아니라
팀이 내는 것이다

Question

우리는 상품 디자인을 전문으로 하는 회사다. 지난해부터 우리는 '글로벌화'라는 슬로건으로 해외에서 근무한 경험이 있는 디자이너 영입에 상당한 공을 들이고 있다. 그런데 문제는 대우와 처우다. 그들의 요구 사항에 맞추려다 보니 기존 직원들이 상대적으로 손해를 보는 현상이 계속 발생하고 있다. 그러면서 직원들은 불만의 목소리도 커지고 있다. 좋은 방법이 없겠는가?

내가 일본 법인의 한국 대표를 맡고 있을 때의 에피소드다. 신규 시장 진입을 위해 외부에서 전문가 한 명을 써치펌을 통해 채용한 적이 있다. 써치펌에 주는 수수료도 만만치가 않았다. 채용 인력의 1년 급여의 20퍼센트 전후를 지불했던 기억이 난다. 거기에다 그 직원의 인상될 급여도 고려해야 했다. 지금의 연봉은 우리와 거의 비슷한 수준이라 다행히도 기존 직원들과의 형평성에는 문제없겠다는 생각을 했었다. 그런데 면접 과정에서 본인이 예전에 있던 회사에서 받았던 급여의 20퍼센트 정도의 인상을 요구했다. 물론 당연한 일이다. 뭔가 기존보다 더 나은 혜택이 있어야 이직을 생각하지 않겠는가? 그걸 생각 못 한 나의 불찰이 더 크다.

　여러 가지 우여곡절이 있긴 했지만 그래도 나는 큰 기대를 가지고 그 친구를 영입하기로 했다. 그런데 문제가 생겼다. 이 친구의 실력이 기대에 미치지 못했던 것이다. 원래 실력이 별로인 친구인데 포장지가 좋았던 것인지, 아니면 지나친 기대 때문에 정신적 부담감이 커서 그런 것인지 알 수는 없으나 전혀 실력 발휘를 못 하는 것이 화근이었다. 결국 입사 후 6개월을 채우지 못하고 그는 퇴사를 하고 말았다. 신규 비즈니스의 성공을 위해 의욕적으로 추진한 스카우트가 실패로 끝난 것이다. 이런 경우, 아무리 사장이어도 직원들 눈치를 볼 수밖에 없다. 이후로는 무조건 내부 육성에 무게를 두고 외부로 눈을 돌린 일이 없었다.

　외부 인재 스카우트가 실패로 끝난 잘 알려진 사례 하나가 있다. 언론에도 여러 번 소개되었던 유명한 일화인데, 바로 LG전자의 이야기다. 대한민국의 대표적 전자 메이커인 LG전자가 부사장 이상 최고 임원에 외국인 5명을 임명하는 파격적인 인사를 2008~2009년도에 단행한 적이 있다. 글로벌 LG에 걸맞은 '다양성과 전문성'을 확보한다는 명분이었다. 한 걸음 더 나아가 10년 안에 외국인 임원 비율을 70퍼센트까지 높이겠다고 발표했다. 전문성을 가진 외국인을 더욱더 많이 영입하여 조직력을 한 단계 더 높이겠다는 야심 찬 목소리로 대대적인 홍보에도 나섰다.

그러나 LG전자의 야심 찬 실험은 참담한 실패로 끝나고 만다. 영입했던 외국인 부사장 5명이 2010년 전원 해임되었기 때문이다. 이유는 조직 내부의 불화였다. 외국인 임원과 국내 스태프 간의 커뮤니케이션이 제대로 안 되면서 한국인 직원들의 불만이 폭발한 것이다. 표면상으로는 실적 악화에 책임지고 자리에서 물러나는 모양새였지만, 본질적인 이유는 외국인 상사와 한국인 부하들 간의 팀워크가 전혀 형성되지 못한 데 대한 질책성 인사였다.

그렇다고 스타 플레이어의 영입이 전혀 효과가 없다는 말은 절대 아니다. 그 기업이 처한 상황과 입장에 따라 효과성은 다를 것이라고 생각하니까. 다만, 이처럼 '지식산업에 있어서 외부 인재 영입의 효과는 있는가?'라는 주제는 항상 논쟁의 대상이 된다는 사실을 말하고 싶어서 위의 사례를 꺼내보았다.

우수 인재 영입의 효과

스타 플레이어의 영입을 통해서 조직이 한 단계 업그레이드되었다는 의견도 생각보다 많다. 반면, 기존 직원들의 조직 분위기만 어수선해지는 안 좋은 결과로 이어졌다는 의견도 적지 않다. 하버드 대학의 보리스 그로이스버그^{Boris Groysberg} 교수가 이 문제를 가지고 연구를 했다. 그로이스버그 교수는 경제 주간지인 〈매경이코노미〉에도 여러 번 소개된 적이 있는, '조직행동론'으로 매우 유명한 교수다. 그는 서로 다른 78개 회사에서 일하고 있는 주식 및 고정수익증권 분석가 1,000명의 지난 9년간의 자료를 정밀 분석해보았다. 그리고 그들의 산업 부문에 대한 전문 지식, 서면 보고서, 서비스 및 투자 상품의 선택과 그들이 또 고객의 요구에 얼마나 빨리 반응하는가를 토대로 투자분석가의 능력을 평가해보았다.

우선 연구팀은 투자분석가가 회사를 옮겼을 때 실적이 어떻게 변하는지를 추적했다. 9년 동안 9퍼센트에 해당하는 366명이 회사를 옮겼고, 연구진은 그 자료를 토대로 스타 분석가가 새 직장에서도 계속 성공 가도를 달렸는지를 확인하는 작업에 들어갔다. 흔히 스타 분석가는 자신의 능력만으로 그 자리에 올랐다고 생각하지만, 연구 결과 실적은 갖고 다닐 수 있는 게 아니었다. 아무리 뛰어난 스타 분석가도 다른 회사로 옮기면 실적이 떨어지고 최소 5년 이상 침체의 늪에서 헤매게 된다는 사실을 파악한 것이다. 결국 연구진은 "스타 플레이어를 고용하는 것은 본인에게도 그 플레이어를 고용한 기업에게도 좋을 게 없다"라는 결론을 내리기에 이른다.

　같은 시기에 의료계의 스카우트 효과를 분석한 이가 있다. 같은 대학의 로버트 허크먼^Robert Huckman과 개리 피사노^Gary Pisano라는 젊은 교수들이다. 그들은 병원 경영과 관련된 학문을 연구하다가, 문득 실력이 뛰어난 전문의가 병원을 옮겨서도 동일한 실력을 발휘하는지 궁금해졌다. 그래서 심장외과 전문의 203명이 각기 다른 43개 병원에서 2년간 집도한 수술 3만 8,577건을 추적 조사했다. 참고로 미국의 외과 의사는 꼭 소속 병원이 아닌 다른 병원에서 수술하는 일도 많다고 한다.

　자료를 분석한 연구진은 놀라운 패턴을 발견한다. 전체적으로 외과 전문의는 수술 횟수와 상관없이 자신이 근무하는 병원에서 수술할 때 결과가 더 좋다는 것이다. 즉, 자신이 근무하는 병원에서 수술할 때가 훨씬 환자 사망률이 낮았다는 것을 밝혀냈다. 다른 병원에서는 의사들이 제 실력을 발휘하지 못한다는 이야기다.

　그렇다고 그들의 수술 실력이 장소에 따라 각기 다른 능력을 가지고 있었던 건 아니다. 연구진이 밝혀낸 건 환경의 중요성이었다. 자신의 강점과 약점, 습관, 수술 방식을 잘 알고 있는 간호사나 마취과 의사들과 함께 팀을 이루어 수술할 때에 더 숙련된 솜씨를 발휘하게 된다는 것이다. 자료를 분석한 하버드의 두 젊은 천재 교수는 "외과 의사가 환자의 사망률을 낮추기 위해서는 같이 일하는 수술팀과 밀접한 관계를 맺어야 한다"라는 결론을 내게 되었다.

우수 인재 영입의 효과성과 관련하여 다른 관점에서 목소리를 내고 있는 분이 있다. 캐나다 토론토 대학의 어제이 애그러월[Ajay Agrawal] 교수다. 그는 자신의 논문 *Why Stars Matter*(2014)에서 "스타 플레이어의 역할은 자체적인 역량 발휘보다는 주변에 미치는 긍정적 영향력에 있다"라고 말하며, 스타 플레이어의 활용 방안에 대한 새로운 접근을 주문했다. 그 내용을 한번 살펴보자.

연구 방법 연구진은 1980년부터 2008년까지 29년간 255개 진화생물학과에서 출간한 14만 9,947개의 연구 논문을 조사했다. 그 결과 조직에 우수 인재가 영입된 후에 창출되는 성과 향상의 효과는 인재 영입 그 자체보다는 다른 데서 나온다는 결론을 내렸다. 여기서 연구진이 내린 스타 인재에 대한 정의는 논문의 인용 횟수에서 상위 10퍼센트 이상인 학자로 했다. 그리고 조직의 성과는 출간된 논문이 인용된 횟수로 정의했다. 자신의 주장이 주변에 영향을 미치는 것을 학계에서는 매우 중요하게 여기고 있기 때문이다.

연구 결과 255개 진화생물학과 한 곳에서 1년 동안 발표한 인용 논문의 수는 평균 80개인 것으로 나타났다. 여기서 우수 인재와 관계있는 논문을 제외한 인용 논문의 숫자를 세었더니 77개였다. 즉, 생각만큼 우수 인재의 논문이 큰 영향을 미치지 않는다는 사실이 밝혀졌다.

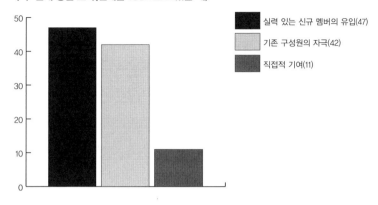

우수 인재 영입 효과(전체를 100으로 보았을 때)

실력 있는 신규 멤버의 유입(47)
기존 구성원의 자극(42)
직접적 기여(11)

　애그러월 교수가 발표한 논문에 의하면, 우수 인재 영입 후에 합류한 구성원들의 실력은 이전에 합류한 구성원들에 비해 68퍼센트 우수한 것으로 나타났다. 관련 분야에서 활동하는 신규 구성원들의 경우에는 무려 434퍼센트, 비 관련 분야에서 활동하는 신규 구성원들의 경우에도 48퍼센트 높은 실력을 나타내고 있었다.

　우수 인재의 영입으로 인한 전체 효과를 100으로 보았을 때, 우수 인재가 직접적으로 기여하는 성과는 11, 우수 인재 영입이 관련 분야에서 활동하는 기존 구성원의 성과를 자극하는 효과는 42, 실력 있는 신규 구성원을 유인하는 효과는 47인 것으로 나타났다. 이를 토대로 연구진은 "우수 인재 영입으로 인한 효과는 대부분 기존 구성원과 신규 구성원을 자극하는 데 있다"라고 결론지었다.

　비록 학계에서 활약하고 있는 유명한 연구자들을 대상으로 한 연구 결과이지만 일상적인 비즈니스의 상황에서도 충분히 적용되는 연구 데이터가 아닌가 싶다. 예를 들면, 위에서 소개한 LG전자의 외국인 임원들의 경우가 그렇다. 비록 그들이 내부 마찰로 인해 조직을 떠나긴 했어도 그들의 업무 방식은 큰 공부와 자극제가 되었다는 말을 내부인으로부터 들었기 때문이다. 일종의 메기 효과Catfish Effect가 생겨난 것이다. 성과를 내는 사람은 분명 그렇게 성과를 내는 나름대로의 방식이 있을 것이고 그런 것들을 보면서 또 공부가 되는 것이 아닐까?

헌신적인 총무의 힘

작년에 송년회를 치르면서 한 가지 흥미로운 궁금증이 일었다. 어떤 모임은 사람들로 북적북적한데, 어떤 모임은 예상보다 적은 참석자로 김이 빠져서 적당히 시간만 때우다 오게 되는 걸까, 하는 궁금증이 불현듯 생긴 것이다. 이유는, 모임의 총무가 누구냐에 따라 참석하는 회원들의 비율에 큰 차이를 보였기 때문이다. 조직으로 치자면 '핵심 인재의 역할에 따른 조직 구성원의 행동 변화'라고 말해도 좋을 듯하다.

군이 외부적인 변수가 개입하지 않더라도 총무가 열정적이고 부지런한 조직은 구성원들의 만족도가 매우 높다는 사실을 느낄 수 있다. 사실을 확인하기 위해 내가 속해 있는 모임의 참석률 변화를 체크해보기로 했다. 아래의 데이터는 A~C의 모임에서 총무가 어떤 연락 수단을 취하는가에 따른 참석률의 변화이다. 보는 바와 같이 간편한 단체 문자보다는 손이 좀 많이 가더라도 개별 문자나 개별 전화로 연락했을 때가 참석률이 훨씬 더 높았다.

모임 주체의 연락 수단에 따른 참석률의 변화

모임 분류 ＼ 연락 방법	단체 문자	개별 문자	개별 전화
A(50명)	24%	44%	70%
B(30명)	23%	47%	77%
C(25명)	24%	52%	80%

그리고 다음의 도표는 내가 회원으로 가입한 모임 중에서 적극적으로 참석하고 있는 모임과 그렇지 않은 모임에 대해 곰곰이 그 이유를 분석한 것을 나타낸 것이다. 여기서도 적극적인 참석 이유를 총무에게 두고 있다. 총무의 헌신적 봉사에 대한 보답이 제일 상단에 랭크되어 있다.

회원으로 참석하고 있는 모임의 참석 이유

모임 분류 ＼ 이유	참석/불참에 대한 주요 이유
D	적극적-회장님의 인품과 총무의 헌신적 봉사에 대한 보답
E	적극적-회원들과 만나면 많은 것을 배우고 즐겁기 때문
F	소극적-모임에 대한 간부들의 애정이 느껴지지 않아서

헌신적인 총무의 힘에 대해 언급한 이유가 있다. 외부 조직에서 영입한 인재가 원하는 성과를 내줄 것인지 어떨지 불확실한 상황

에서 구태여 모험을 하기보다는 확률이 높은 내부 인재를 활용하자는 취지에서 언급해보았다. 여러 가지 데이터가 일관되게 강조하고 있는 것은 개인이 아닌 팀의 협력이다. 부지런하고 진정성 있는 총무는 반드시 있다. 눈을 꼭 외부로만 돌릴 필요는 없다.

의사소통 분야의 세계적 권위자인 UCLA 대학의 앨버트 메라비안Albert Mehrabian 교수는 1981년 발간한 《침묵의 메시지》에서 상대방의 의사 결정에 영향력을 미치는 커뮤니케이션 요소의 비중에 대한 연구 결과를 발표했다. 책에 따르면 콘텐츠가 차지하는 비중은 7퍼센트에 불과하고, 청각적 요소 38퍼센트와 시각적 요소 55퍼센트였다고 한다. 이렇게 나온 7 대 38 대 55 비율이 소위 커뮤니케이션의 황금 룰로 통하는 '메라비안의 법칙'이다. 의사소통에서 시각적 요소(55퍼센트)가 가장 큰 비중을 차지하는 이유는 얼굴에서 상대방의 진정성을 느낄 수 있기 때문이다. 즉, 조직 활성화를 위해서 가장 중요한 건 진정성 있는 총무를 두는 것이라고 응용해서 말할 수 있겠다.

어찌 되었든 나는 외부 인재 영입보다는 내부 인재의 발굴과 육성 쪽에 더 무게중심을 두라고 조언하고 싶다. 앞에서도 말했듯이 성과에 이르는 중요한 키워드는 같이 일하는 사람들과 얼마나 코드가 맞는 상황을 만드는가의 문제인 것 같다. 서로를 잘 알고, 내부의 문제를 잘 아는 사람이 앞장서고 그를 지지하는 세력이 함께하는 모습이 가장 이상적인 조직 성과의 메커니즘이라고 생각한다. 아무리 능력이 뛰어난 사람도 같이 일하는 사람들이 호흡을 맞춰주었을 때에 비로소 실력 발휘를 할 수 있는 것이다. 새로운 곳으로 이직했을 때 대부분의 실력자들이 기대에 못 미치는 성과를 내는 이유는 환경의 변화가 가장 큰 원인이라고 할 수 있다. 성과는 개인이 아닌 팀의 작업이라는 사실을 새삼 강조해본다.

16
기술보다 지혜를
심어주어라

Question

금융 분야의 회사에서 HRD을 담당하고 있다. 우리는 직원들에 대한 교육이 금융 상품과 관련된 것 이외에 아무것도 없다. 금융은 원래 상품 교육만 하면 된다는 말을 오래전부터 팀장에게 전해 듣고 있던 터라 큰 거부감이 없었는데, 최근 타사를 벤치마킹하면서 이래도 되는 건가 싶은 걱정이 생기기 시작했다. 조언을 바란다.

오래전에 경험한 일이다. 동시에 카드회사 두 군데를 상대한 적이 있다. 아시는 분의 소개로 리더십과 관련된 간부 교육에 대한 제안을 하기 위해 그곳의 팀장들을 만난 자리에서 있었던 일이다. 혹시 이름이 드러나면 그 회사 이미지에 문제가 생길 수도 있으니 A사, B사로 부르겠다.

둘 다 비슷한 규모의 대형 카드사였다. A사는 교육을 매우 많이 시키기로 우리 업계에도 소문난 회사로서 직원들의 자기 성장에도 매우 적극적인 기업으로 널리 알려져 있었다. 리더십 교육은 물론이거니와 핵심 가치, 기본 소양, 심지어는 직원 개개인의 자기 계발을 위한 교육까지 직원 교육에 대해서는 지원을 아끼지 않을 정도로 적극적인 조직이었다. '직원들의 성장이 회사의 성장'이라는 슬로건을 그대로 현장에서 실천하고 있는 멋진 기업이었다.

반면 B사는 정반대의 가치관을 가지고 있었다. A사와 비슷한 사업 모델을 가지고 있는 카드사였는데, 리더십 교육에 대한 필요성은 없느냐는 질문에 담당 팀장이 이런 말을 했다. "우리 회장님 마인드가 '금융회사는 돈만 알면 되지 다른 건 더 필요 없다'는 뚜렷한 철학이 있어서, 그 기조가 수십 년째 이어져오고 있습니다. '자기 계발은 본인이 할 일이지 회사가 시키는 건 아니다. 회사는 일에 필요한 기술만 가르치면 된다'라는 생각입니다. 금융 상품과 관련된 교육은 다른 회사와 비교하여 2~3배 더 많이 시키는 편입니다. 혹시 〈돈〉이란 영화 아시나요? 거기에 본부장으로 나온 인물이 직원들에게 일장 연설을 하는 장면이 하나 나옵니다. 그 연설 내용이 바로 우리 회장님이 항상 말씀하시는 것입니다. 보시면 참고가 될 것입니다"라는 말을 하고는 이왕 여기까지 온 걸음이니 차나 한잔하고 가라며 나를 위로해준 적이 있다.

당시는 실망감이 매우 컸다. 규모도 크고 매우 유명한 회사인데, 창업자의 생각을 듣는 순간 너무 실망스러웠기 때문이다. 그런데 생각해보면 놀랄 일도 아니다. 〈돈〉이란 영화에 등장하는 회사의 성장이 보여주듯이 세상에는 이런 마인드로 일하면서도 잘나가는 회사가 한둘이 아니니까…. 아무리 내가 리더십 교육과 관련된 분야에 몸담고 있긴 하지만 리더십 교육이 반드시 조직의 양적인 성장을 담보하지는 않는다. 당연히 그 회사가 취급하는 제품에 대한 해박한 지식이 먼저이며, 회사에 따라서는 그것만으로도 충분할 수 있을 것이다.

하지만 필요한 직무와 관련된 기술만 가지고는 분명 한계가 있다. 다음 단계로의 도약을 위해서는 같이 일하는 사람들에 대한 이해, 그들과의 협력 그리고 그들을 이끄는 방법에 대한 이해가 필요하다. 이런 것들을 무시하면서 승승장구하는 회사를 나는 아직껏 본 적이 없는데 B사는 여전히 잘나가고 있는 상황이다. 뭔가 내가 모르는 다른 노하우가 있을 것이다. 그게 무엇인지 정말 연구하고 싶은 마음이다.

기술만 가르치면 된다는 생각

B사의 회장처럼 '리더십 따위는 필요 없다. 기술만 가르치면 된다'고 생각하는 분이 생각보다 많다. 나는 이런 분들이 '학원만 보내고 학교는 보낼 필요가 없다'고 생각하는 학부모들과 다르지 않다고 말하고 싶다. 과목에 대한 전문적인 지식만 탐하고 세상을 살아가는 데 필요한 지혜는 등한시하는 부모들과 같다는 거다.

그런데 "졸업장만 있으면 되지 다른 게 무슨 필요가 있겠냐?"라고 말하는 사람들에게 교육 전문가들이 우려의 뜻을 전하는 이유가 무엇일까? 학교교육이라는 것이 반드시 전문적인 지식의 습득만을 의미하지는 않기 때문이다. 같은 반 친구들과 어울리면서 교우 관계를 맺는 방법을 배우고, 사람들과 더불어 살아가는 데 필요한 지혜를 배우기 때문이 아닐까? 이런 이유로 나는 '필요하다면 강제적인 힘을 동원해서라도 학교에 보내야 하는 것이 부모의 책임'이라고 주장하는 것이다.

강제적인 교육에 대한 필요성을 이번에는 조직의 상황에 대입해서 생각해보자. 나는 이것을 비전^{vision} 침투 교육의 상황에서 가장 많이 인용하고 있는데, 비전이나 조직의 가치관을 강제로라도 조직 구성원들에게 각인시킬 필요성이 있기 때문이다. 하기 싫다고 해서, 귀찮다고 해서, 중단할 일이 아니기 때문이다. 힘들다고 피하지 않고 정면 돌파함으로써 대변혁을 이루고 전무후무한 성공을 거둔 기업이 있다. 바로 우리나라 대표 기업 삼성전자와 글로벌 가전제품 1위 기업인 중국의 하이얼^{Haier}이 그 주인공이다.

1993년 6월 7일은 대한민국을 대표하는 글로벌 기업 삼성이 독일의 프랑크푸르트에서 '신경영'을 선포한 날이다. '신경영'의 핵심적인 키워드는 '품질 경영'이다. 당시 이건희 회장은 지구의 반대편에서 계열사 사장들을 모아놓고 "양 위주의 성장은 반드시 한계에 부딪힌다. 양적 사고는 불량품 생산에 대한 면죄부만 줄 뿐이다"라고 말하면서, "질을 위해서라면 양을 희생시켜도 좋다. 제품과 서비스 그리고 사람과 경영의 질을 끌어올리기 위해서 필요하다면 공장이나 라인의 생산을 중단해도 좋다"라는 말로써 지금까지와는 다른 압도적 품질 우위를 주문했다.

그러나 현장은 움직이지 않았다. 사람의 습관처럼 조직의 문화도 오랜 시간의 반복된 행동에 의해 형성된 것이기 때문이다. 아무리 그룹의 오너가 목소리를 높여 강조한다 해도 하루아침에 바뀔 수 있는 것이 아니었기 때문이다. 이에 위기감을 느낀 이건희 회장은 강압적인 교육에 들어간다. '자율'이라는 단어를 좋아했던 이건희 회장이지만 이번만큼은 '강요'라는 카드를 꺼내기로 마음먹은 것이다. 모두의 머릿속에 앞으로의 삼성에 필요한 가치관은 무엇인가에 대한 각인이 필요하다고 생각했기 때문이다. 여기서 나온 현장 교육이 '화형식'이다.

1995년 1월 이건희 회장은 변하지 않는 조직 문화를 근본적으로 뜯어고치기 위해서 특단의 조치를 취하게 된다. 제품 불량으로 반품되어 입고된 애니콜 15만 대를 수거하여 화형식을 치른 것이다. 삼성전자 최고의 히트 상품인 무선전화기 애니콜을 불태워 없애는 의식을 거행함으로써 그의 의지가 얼마나 강한가에 대한 확고한 메시지를 던진 것이다. 이후 '신경영'이라는 이름으로 명명된 삼성의 가치관 교육은 "마누라와 자식만 빼고 다 바꿔라!"라는 슬로건 아래 삼성의 모든 사업장에 불길처럼 번져가게 된다.

중국의 가전업체 하이얼도 마찬가지다. 오늘날 하이얼이 이렇게 눈부신 성장을 할 수 있었던 요인이 된 것도 바로 강압적인 의식 교육의 덕분이다. 하이얼의 장루이먼 회장은 노동자 출신이다. 그의 부모도 공장에서 일했다고 한다. 가난했고 중국의 정치 상황도 혼란스러워 대학 진학을 포기하고 스무 살이 되기도 전에 칭다오시에서 운영하는 국영 공장에 취업한다. 부지런하고 정직했던 그는 윗사람들의 눈에 띄었고 급기야 30대 중반이라는 젊은 나이에 칭다오시가 설립한 냉장고 생산 공장의 공장장 자리에까지 오르게 된다. 냉장고에 대한 중국 소비자의 열망은 강했지만 제품의 질이 이를 받쳐주지 못하던 시절이었다.

팔려나가는 숫자도 많았지만 반품되는 숫자도 만만치가 않았다. 장루이먼은 이 모든 것의 원인이 무책임한 직원들의 마음가짐 때문이라고 생각하게 된다. 몇 년에 걸친 설득에도 태도 변화에 대한 기미가 전혀 보이지 않자, 재고 창고에 있던 불량 냉장고 70대를 꺼내다 망치로 부수기로 마음먹는다. 중국인 특유의 만만디 기질을 없애고 품질 향상을 이루기 위해 자신들이 생산한 냉장고를 앞마당에서 망치로 부숴버리는 퍼포먼스를 기획한 것이다.

칭다오의 냉장고 생산 공장에서 1984년에 실제 있었던 일로,

《하이얼 30년사》라는 그들의 사사(社史)에 실린 이야기다. 이를 계기로 하이얼 가전의 품질에 대한 획기적인 전기가 마련되었고, 그들은 이를 기념하기 위해 기존의 창립기념일 대신에 1984년을 창립일로 정했다고 한다. 과거의 하이얼은 잊어버리자는 의지를 담아서 회사의 창립 연도까지 바꾼 것이다. "필요한 행동 변화를 위해서는 정신적 세뇌가 같이 이루어져야 한다." 장루이민 회장의 어록이다.

리더십 교육이 만든 직접적 성과

아래의 글 *Effects of Transformational Leadership Training on Attitudinal Financial Outcomes: A Field Experiment(1996)*은 캐나다 퀸즈 대학의 줄리안 발링[Julian Barling] 교수가 '리더십 교육의 효과성'이라는 제목으로 발표한 연구 논문이다. "기술 교육도 중요하지만 리더십 교육과 같은 행동 변화를 촉진하는 교육이 훨씬 더 광범위하게 영향을 미친다"라는 내용을 담고 있다.

연구 방법 1 연구팀은 우선 캐나다에 있는 5대 대형 은행의 20개 지점을 선정했다. 지점의 위치와 규모 등을 고려해서 실험 집단을 나누고, 20개 지점의 매니저들을 대상으로 리더십 강화에 도움이 되는 리더십 프로그램을 하루 동안 진행했다. 리더십 교육이 과연 얼마나 효과가 있는지를 측정하기 위한 실험이었다. 하루 동안의 교육이 끝나고 교육에 참여한 집단과 참여하지 않은 집단 사이의 효과성에 대해 측정해보았다.

연구 결과 1 지적 자극, 배려, 통솔력, 조직 몰입의 4개 분야를 측정하기로 한다. 우선 2개 집단에 참여하는 매니저들을 대상으로 교육에 참가하기 전에 위의 영역에 대한 상태를 조사했다. 그리고 교육이 끝나고 일정 시간이 경과한 후에 다시 조사하는 방식을 택했다. 아래의 도표를 보면 알겠지만 하루짜리 리더십 프로그램이었음에도 불구하고 교육을 이수한 집단의 성과 지표가 모두 더 높아진 것으로 나왔다. 하루만 교육받았을 뿐인데도 태도에서 긍정적인 변화가 생긴 것으로 나타난 것이다.

매니저 태도 변화

	변수	교육 그룹		통제 그룹		1	2	3	4	5	6	7	8
		평균	표준편차	평균	표준편차								
교육전	지적 자극	2.45	0.78	2.61	0.84	–							
	배려	2.59	0.89	2.74	0.92	.92*							
	통솔력	2.63	0.78	2.94	0.81	.93*	.96*						
	조직 몰입	5.30	1.28	5.59	1.09	-.05	-.03	-.01					
교육후	지적 자극	2.83	0.73	2.62	0.90	.84*	.78*	.78*	-.14	–			
	배려	2.82	0.87	2.69	0.89	.86*	.82*	.84*	-.10		–		
	통솔력	2.80	0.83	2.78	0.87	.89*	.82*	.84*	-.05	.94*	.95*	–	
	조직 몰입	5.85	0.81	5.58	1.06	.15	.11	.16	.05	.14	.15	.17	–

연구 방법 2 다음은 리더십 스타일의 향상이 실제로 재무적 변화에도 영향을 미쳤는가에 대해 알아보기로 한다.

연구 결과 2 각 교육에 참여한 연구 집단과 통제 집단의 지점별 실적을 비교해보았다. 실적은 신용카드 판매량과 개인별 대출 판매량으로 측정하기로 했다. 비교해보았더니, 리더십 강화 프로그램에 참여한 매니저들의 지점 실적이 교육에 참여하지 않은 통제 집단과 비교해 더 양호한 것으로 나타났다. 단 하루짜리 교육이었음에도 리더십 교육을 이수한 지점장들의 행동 변화가 내부 직원들에게 긍정적 영향을 미친 것으로 해석할 수 있다.

교육 그룹과 통제 그룹의 일평균 판매

변수	교육 그룹				통제 그룹			
	교육 전		교육 후		교육 전		교육 후	
	평균	표준편차	평균	표준편차	평균	표준편차	평균	표준편차
신용카드 판매	1.12	0.28	1.07	0.30	1.27	0.48	0.89	0.30
개인 대출	0.52	0.14	0.72	0.21	0.54	0.26	0.49	0.32

교육에 참여한 사람들의 직급이 지점장이라는 점을 고려했을 때, 상당한 수준의 지적 능력과 리더십을 가지고 있었을 것으로 예상된다. 이런 사람들이라면 적은 지적 자극에도 바로 효과가 나타난다는 사실을 알 수 있었다. 준비된 사람들이기 때문에 어떠한 교육이든 바로 현장에 활용할 수 있는 능력을 갖춘 그룹이라고 해도 과언이 아닐 것이다. 여기서는 리더들을 대상으로 한 8시간짜리 교육 프로그램을 가지고 실험한 것이지만, 일반 직원들을 대상으로 한 잘 짜여진 태도 교육도 좋은 결과로 이어진다는 사실

을 강조하고 싶다.

아래의 문구는 일본 근대화의 아버지이면서 1만 엔권 지폐의 주인공인 시부사와 에이이치渋沢栄一가 국민들 교육에 힘써야 하는 이유를 설명하면서 한 말이다.

"두 집에서 각기 아들을 낳았어도 두세 살 때는 재주가 서로 엇비슷하고, 조금 자라서 모여 놀 때도 같은 무리의 물고기처럼 비슷비슷하다. 열두어 살이 되면 두각을 나타냄이 약간 달라지고, 스무 살이 되면 점점 더 격차가 벌어진다. 맑은 냇물이 더러운 도랑물에 비치듯 배운 사람과 배우지 못한 사람이 되는 것이다. 서른 살에 골격이 굳어지면 하나는 용, 하나는 돼지로 변한다. 학문을 이룬 용은 훨훨 나는데 학문을 못 이룬 두꺼비는 돌아볼 재주조차 없다. 한 명은 말 앞의 졸개가 되어 채찍 맞은 등에는 구더기가 생기고 다른 한 명은 재상이 되어 고래등 같은 집에서 산다. 그래서 묻노니 어찌해야 하는가? 배워야 하겠는가? 배우지 말아야 하겠는가?"

기술 교육도 중요하지만 지혜의 교육은 더 중요하다. 그리고 필요하다면 강제적인 방법을 동원해서라도 시켜야 한다. "한 명은 말 앞의 졸개가 되어 채찍 맞은 등에는 구더기가 생기고 다른 한 명은 재상이 되어 고래등 같은 집에 산다"라는 말은 조직의 상황에도 그대로 적용되는 명언이다.

5장

선택과 집중

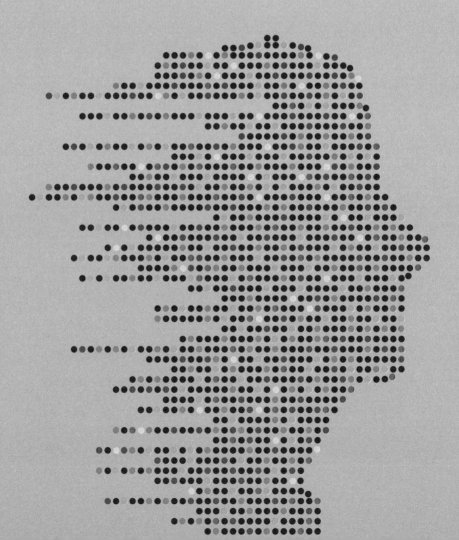

17
잘나갈 때일수록
긴장해야 한다

Question

소액 결제 서비스를 하는 회사에서 근무하고 있다. 10여 년 전에 지금의 대표를 만나 회사를 시작할 때만 해도 매출도 늘고 투자회사의 주목도 받고 해서 일이 참 재미있게 느껴졌다. 동시에 괄목할 만한 성장도 이루었다. 그런데 언제부터인가 동력이 끊긴 듯한 느낌이다. 후발 주자는 정신없이 추격해 쫓아오는데도 전혀 위기의식을 안 느끼고 모두가 너무 안이하게 생활하고 있는 듯한 인상이다. 어찌하면 좋을지 조언해주면 좋겠다.

과거에 큰 성공을 경험할수록 다음에는 성공 확률이 매우 낮아진다고 한다. 그 이유에 대해 미국 메릴랜드 주립대학의 켄 스미스[Ken Smith] 교수는 "과거의 성공 체험으로 인해 새로운 방식에 대한 시도를 안 하고 계속 같은 방식만을 고집하기 때문"이라고 말한다. 과거에 성공했던 경험 그대로를 반복하면서 새로운 시도나 도전은 등한시한다는 것이다. 그가 발표한 논문 *The Paradox of Success: An Archival and a Laboratory Study of Strategic Persistence Following Radical Environmental Change*(2000)을 빌려 왜 그런지를 파악해보려 한다.

연구 방법 스미스 교수는 연구를 위해서 미국의 항공 · 트럭 · 휴대전화 산업의 과거 10년간의 데이터를 수집했다. 그리고 그동안 해당 산업에서 발생했던 환경적 변화, 제도적 변화 등과 관련한 여러 가지 변수를 측정해서 대입해보았다. 데이터를 비교 분석하면서 과거에 성공한 경우와 그렇지 않은 경우 해당 연도에 어떤 일이 있었는지도 살펴보았다.

연구 결과 우리는 스미스 교수의 데이터에서 몇 가지 특이 사항을 찾아볼 수 있었다. 우선 시장의 다변화가 과거의 성공 체험에 부정적 영향을 미치고 있다는 점이다. 즉, 시장이 다변화하면 할수록 기업의 성공률은 낮아진다는 점을 알 수 있다. 두 번째로 시장의 크기는 전략 실행의 일관성을 부추기는 효과가 있으며 이는

변수	평균	표준편차	1	2	3	4	5
시장 다양성	0.12	0.06					
규모	13.19	1.88	.16				
CEO 교체, 1977-78	0.04	.020	-.34	-.16			
전략 유지	0.00	4.26	.05	.74*	.10		
과거 성과, 1974-78	0.00	0.08	-.41*	.15	.51*	.68*	
성과 변화	0.00	0.18	-.23	-.22	-.10	-.39*	-.36*

성과에도 일정 부분 긍정적 영향을 미치는 것으로 나타났다. 그러나 반대로 이는 변화에 대한 접근을 어렵게 만들어 결과적으로는 성장을 방해하는 부정적 영향을 미치게 된다는 모순을 안고 있음을 확인할 수 있다.

즉, 과거에 성공 경험이 많은 기업일수록 기존의 전략을 고수하려는 경향이 강하게 나타난다는 것이다. 과거에 큰 성공을 이룬 기업일수록 새로운 시도를 하지 않는 경향이 강하며, 과거에 특별히 큰 성공 경험을 갖지 못한 기업은 항상 새로운 시도를 한다는 것이다. 대단한 성공 체험이 있는 것도 아니니 항상 변화와 변형을 추구하면서 조금씩 꾸준히 성장의 길을 걸어가고 있음을 알 수 있었다.

큰 성공 체험을 경험한 기업들이 몰락의 길에 들어서면서 보이는 공통점이 있다. 우선은 과거의 영광에 사로잡힌 상황에서 벗어나지 못할뿐더러 더는 회복 불능의 상황이라는 점에 대해 강하게 부정한다. 이런 상황에 접어든 지 한참 지났는데도 말이다. 그다음에는 분노한다. "대체 어쩌다 우리가 이렇게 되었을까?" 하고 절규하며 주변에 있는 모든 것들을 원망한다. 그러다 현실을 받아들이며 움직임 없는 조직이 되어간다. 현실을 받아들이고 시한부 인생을 살아가기로 마음을 정리하는 것이다. 죽음을 앞둔 사람들의 심리와 너무 똑같다.

참고로 죽음을 앞둔 사람들의 심리의 흐름을 설명하는 용어가 있다. 일명 '퀴블러로스 사망 단계Kybler-Ross death stage 이론'이라고 하는데, 구성은 이하 5단계(1. 부정, 2. 분노, 3. 타협, 4. 절망, 5. 수용)의 흐름으로 되어 있다. 내가 왜 죽어야 하는지에 대한 부정에서부터 시작해서 분노하고 절망하다가 결국 죽음을 수용하게 되는 심리적 흐름을 설명하고 있다. 망하는 기업의 경영진이 밟아가는 생각의 흐름도 이와 별반 다르지 않다.

위험을 지각하는 인지 능력은 변화의 흐름과 비례해서 움직이지 않는다. 변화가 한참 진행된 후에도 어떤 변화가 일어났는지 모르고 지내다가 일정한 시간이 지난 후에 뭔가 외부 충격에 의해서 자각하게 된다. 또는 변화를 인지하지 못한 채 지내다가 도태되는 경우도 있다. 후자는 완전히 소멸되는 경우이고, 전자는 다시 생존에 성공하게 되는 경우다.

변화를 바라보는 인식의 차이

그렇다면 사람들은 왜 이리도 변화에 대한 자각이나 의식이 희박한 걸까? 변화를 바라보는 인식의 차이를 극명하게 보여주는 데

이터가 있다. 지난봄에 있었던 강연회에서 세미나에 참석한 중소 기업 임직원들을 대상으로 현장 조사를 했던 자료다. 질문은 크게 2개로, 포지션에 따른 인식의 차이를 알아보기 위해 임원진과 일반 직원들로 계층을 나누어 집계를 해보았다. 아래는 질문에 대한 답변을 정리한 도표이다.

우리 조직의 변화 혁신에 대한 필요성은 어느 정도입니까?

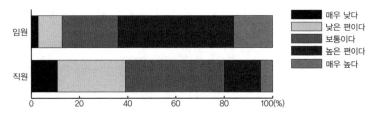

도표에서 확연히 눈에 띄는 부분이 있다. 변화 혁신에 대한 필요성에 대해 리더 그룹과 현장의 일반 직원들 사이에 상당히 큰 갭이 있다는 사실이다. 변화가 필요하다는 의견이 임원 그룹은 64퍼센트인 데 비해 직원 그룹은 19퍼센트에 불과하다. 변화의 필요성을 느끼지 못하겠다는 의견도 임원 그룹이 13퍼센트인 데 반해 직원 그룹은 39퍼센트에 이른다. 위기의식에 대한 인지가 임원 그룹이 일반 직원 그룹보다 3배 정도 강하게 나타나고 있는 것이다. 즉, 위에서 생각하는 상황의 심각함을 아래에서는 쫓아가지 못하고 있는 것이다.

우리 조직의 변화 혁신의 대상은 어디라고 생각하십니까?

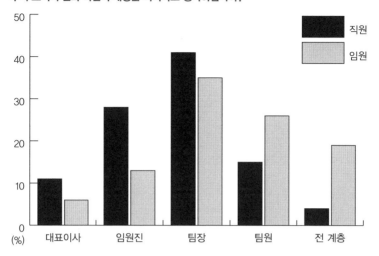

이런 인식의 차이는 변화 혁신의 대상에 대한 질문에서도 확연하게 드러난다. 변화가 필요한 계층에 관하여 일반 직원들은 조직의 상층부를 꼽은 반면, 리더 그룹은 조직의 하층부를 주로 생각하고 있는 듯하다. 직원 그룹이 생각하는 변화의 대상은 경영진 39퍼센트, 팀원 전 계층이 19퍼센트인 데 비해, 리더 그룹이 생각하는 변화의 대상은 경영진 19퍼센트, 팀원과 전 계층 45퍼센트로 나타났다. 여기서 유독 하나의 계층이 눈에 띈다. 바로 팀장 그룹이다. 위와 아래, 모두에게 가장 많은 지목을 받고 있기 때문이다. 변화의 대상이 팀장이라고 생각하는 비중은 직원 그룹은 41퍼센트, 임원 그룹은 35퍼센트에 달한다. 아마도 그들이 조직의 허리에 해당하기 때문일 것이다.

성장하는 기업들은 과거의 성공에 안주하지 않는다. 항상 끊임

없이 새로운 것을 추구하고 변화를 만들어가면서 시장을 일구는 특징이 있다. 그리고 이런 변화의 중심에는 변화를 선도하는 리더와 또 그를 따르는 직원이 있다. 변화와 도전이라는 열차에 직원들을 태우기 위한 리더의 호소와, 이런 호소를 적극적으로 현장에 퍼 나르는 지지 그룹이 같이 움직이고 있는 것이다. 이 두 가지 항목, '깨어 있는 리더'와 '열렬한 충성 그룹'을 변화의 성공 요소라 부르고 싶다.

일반 직원보다는 경영진이 변화의 필요성을 누구보다 강하게 느끼는 건 사실이다. 아무래도 그들은 외부 동향 파악이 빠르다 보니 도전을 멈추었을 때 어찌 되는지를 간접경험으로 알고 있을 것이다. 리더 그룹이 변화에 대한 니즈가 훨씬 강한 것으로 나와 있는 앞의 도표가 이를 방증하고 있다.

신라면이 1등을 지키는 비결

대표적인 사례가 있다. 바로 신라면 '건면'이다. 신라면은 원래 라면 시장의 1등 제품이다. 그러나 1등에 안주하지 않고 '건면'이라는 새로운 시장을 만들어 농심의 탄탄한 입지를 구축한 배경에는 농심의 최고 경영자인 신춘호 회장의 마음을 움직이는 호소가 큰 역할을 한다. 여러분도 아시다시피 '라면은 건강에 좋지 않은 식품'이라는 인식이 강하다. 신 회장은 이런 인식이 라면 시장의 성장을 막을 것이라는 위기의식을 사업 시작 때부터 가지고 있었다고 한다.

'출생 인구의 감소로 인한 포화보다는 먹는 인구의 감소로 인한 포화로 라면 시장은 정체기를 맞게 될 것이다. 1등일 때에 뭔가 대체 상품을 만들어야 한다'는 생각을 수시로 직원들에게 어필했다고 한다. 처음에는 직원들도 "무슨 소린가?"라고 했다는데, 아래의 도표를 보면 신춘호 회장이 얼마나 선견지명이 있었는지를 알수 있다. 줄어드는 일반 라면과 성장하는 건강 라면 시장의 통계 그래프다.

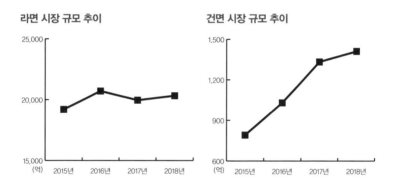

처음엔 부정적이었던 직원들의 인식도 시간이 가면서 조금씩 바뀌기 시작한다. 이유는 대의명분이 강했기 때문이다. 신 회장은 기회가 있을 때마다 "몸에 좋은 라면을 만들어야 한다"라는 말로 구성원들의 가슴을 뜨겁게 달구었다고 한다. 이런 신념으로 건강 라면 프로젝트가 시작이 되었고, 그중 하나가 기름을 쫙 뺀 '건면' 이었다는 것이다.

이처럼 새로운 변화를 시도할 때는 뭔가 그럴듯한 명분이라는 것이 있어야 한다. '돈을 많이 벌 수 있으니까 이걸 시도해야 한다'는 논리는 설득력이 약하다. 대신에 "1등 기업으로서 인류와 사회를 위해 당연히 우리가 나서야 할 숙명 같은 것" 또는 "우리 조직의 다음 먹거리를 미리 만들어놓는다는 측면에서 충분히 가치 있는 일" 또는 "수익은 약해도 회사의 이미지를 좀 더 건전하게 개선하는 데 도움이 되는 것" 등과 같이 구성원들의 마음을 움직이게 할 만한 뭔가 참신하고도 유익한 메시지가 있어야 한다. 아무래도 사람의 마음은 금전적인 메시지보다는 비금전적인 메시지에 좀 더 감동하는 경향이 있기 때문이다.

변화의 실현에 두 번째로 필요한 성공 요소는 지지 세력이다. "멀리 가려면 같이 가라"는 말이 있다. 변화와 혁신은 외롭고 고독한 작업이다. 모두가 아니라고 하는 상황에서 나만 그렇다고 하는 상황을 상상해보라. 외로움과 고독이 밀려올 것이다. 이런 상황에서 나의 의견을 지지해주고 나의 생각을 공유해줄 수 있는 동지를 갖게 된다는 것은 커다란 힘이 된다. 단거리는 혼자서도 충분히 뛸 수 있지만 장거리는 혼자서 뛸 수 없는 것과 같은 이치다. 그리고 혼자 가는 길은 외로울 뿐만 아니라 길을 잃어버리기도 쉽다. 가다가 헷갈리거나 의심이 들 때 상의하고 의지가 되어 줄 수 있는 누군가가 옆에 있다는 것은 분명 큰 힘이 될 것이다.

조직 내에서 변화를 시도함에 있어 리더 혼자 독단적으로 밀고 나가서는 곤란하다. 집단은 분위기의 힘이 무척이나 강하게 작용하는데, 혹시 누군가가 만든 저항의 목소리가 바람을 타고 번져 나가는 일이 생기면 곤란하기 때문이다. 직원 의식 조사를 하면 항상 나타나는 현상 중 하나가 중간 영역에 위치한 다수의 목소리가 절대 보이지 않는다는 사실이다. 소수의 특별한 목소리만 크게 부각되는 경향이 강하게 나타난다. 네거티브 여론을 사전에 차단하는 차원에서도 나를 지지해주고 나의 생각에 동조해줄 것 같은 사람들로 내 편을 만들어두어야 한다. 미리 나의 우군은 누구인지 조용히 살펴보고 그들을 변화의 선봉에 서게끔 유도하는 작업도 매우 중요하다.

'지금까지 잘하고 있는데 왜 구태여 아까운 시간과 돈을 써가면서 변화를 시도해야 하나?'라고 생각하는 사람들이 의외로 많다. 그들에게 꼭 들려주고 싶은 이야기가 있다. "당신이 변화하기 싫어서 3G 핸드폰을 고수하고 있는 사이에 5G로 무장한 경쟁사가 당신의 고객을 쓸어가고 있다."

18
핵심에 집중하는 환경을
만들어야 한다

Question

위험물 진단, 방수, 방재와 관련된 일을 하는 회사다. 우리는 1인 2개 이상 직

무를 겸직하고 있는 독특한 인사 제도를 운영하고 있는데, 최근에 크고 작은

사건, 사고가 계속 발생하면서 이 제도에 대한 신뢰도에 문제를 제기하는 사람

들이 늘고 있다. 사람들은 여러 직무의 동시 수행이 최근에 일어난 사고와 관

계있다고 말한다. 한 사람에게 여러 가지 일을 맡긴다는 건 그 사람의 능력을

인정한다는 것인데, 좋은 일 아닌가?

사건, 사고의 내용이 어떤 건지 모르면서 정확히 조언하는 것은 어려운 일이다. 다만, 다양한 직무의 수행은 집중력을 방해해서 문제를 일으키는 요인이 되는 것만은 사실이다. 인간의 뇌라는 것은 사용에 한계가 있어서 자신이 관련된 분야에 집중하지 못하면 오작동을 일으키는 신비한 능력이 있다. 이를 가리켜 매직^{Magic} 7, 매직 3라고 표현하기도 한다.

　사회과학에서 쓰는 용어 중에 '매직 7'이 있다. 인간의 뇌는 기억력에 한계가 있기 때문에 7가지를 넘어가는 단어나 내용물에 대해서는 기억하기가 힘들다는 것이다. 그래서 가급적 뭔가를 요청하고자 할 때는 7의 범위 내에서 해야 한다는 말인데, 사람들이 대표적인 사례로 가장 많이 인용하는 실험이 사람 이름 외우기다. 누군가의 이름이 적힌 카드와 그 이름의 주인공 사진을 보여주고 일정 시간이 흐른 후에 맞히기 실험을 하면 거의 대부분 7이 넘어가는 순간 얼굴과 이름을 연결시키는 데 실패한다는 것이다.

　비슷한 실험으로 장보기가 있다. 마트에 가서 장을 볼 때, 사야 될 것을 몇 개까지 외우고 있는지에 대한 실험이다. 아내로부터 장보기를 부탁받은 남편들이 마트에 갔을 때에 요청받은 물건 중에 몇 개까지 외우고 있는지에 대한 것이다. 실험의 본래 목적은 '남자들은 장 보는 일도 제대로 도와주지 못할 정도로 집안일에 무관심하다'에서 출발했다. 그런데 나는 이 실험을 다른 관점에서 바라보았다. 아내가 요청하는 품목이 몇 개인지에 초점을 맞추고 지켜본 것이다.

아내가 사다달라는 물품이 몇 개인지에 따라 미션 클리어의 가능과 불가능이 갈리는 것이지, 가사일에 대한 관심의 정도는 아니라고 생각한 것이다. 예를 들면, 우유·설탕·조미료 등과 같이 요청받은 품목이 7가지를 넘어가는 순간 남편들은 대부분 머릿속이 꼬이기 시작한다. 그리고 주문받은 품목과는 다른 물품들을 사기 시작한다. 참고로 요청받은 물품을 가장 정확하게 구매하는 가짓수는 5가지 정도인데, 여자들의 경우는 7가지가 넘어가도 아무 문제가 없다고 한다. 아마 자주 접하는 물건일수록 기억할 수 있는 숫자의 한계도 늘어나기 때문일 것이다.

다음은 '매직 3'이라는 용어다. 주로 우리처럼 컨설팅업에 종사하는 사람들이 주로 사용하는 용어 중 하나이다. 상대방을 설득하고자 할 때는 가급적 논리 구성을 3가지 내에서 구성해서 전달하라는 의미의 용어이다. 어떤 계획안이 되었든 3가지가 넘어가게 되면 요점이 불명확해져서 포인트가 흐려지기 쉽다는 뜻이다.

예를 들면, 조금 전의 마트에서 몸에 좋은 생식을 구매하려고 하는 상황을 생각해보자. 생식 제품을 구매하려는 상황에서 그 제품을 소개하는 직원이 장점을 지나치게 많이 늘어놓는다면, 이는 오히려 요점이 무엇인지 혼란만 가중시키게 된다. 가장 강조하고 싶은 장점 2~3가지로 충분하며 그 이상은 오히려 독이 될 가능성이 높다. 그만큼 우리 머릿속 구조는 어떤 면에서는 슈퍼컴퓨터처럼 신비한 능력을 가지고 있는 한편, 여러 가지를 동시에 처리할 수 없는 단순한 구조로 이루어져 있다는 말을 하려고 매직 7과 매직 3의 이야기를 꺼낸 것이다.

겸무라는 이름과 책임감

조직에서는 일명 '겸무^{兼務}'라는 이름으로 특정인에게 여러 가지 일을 맡기는 경우를 어렵지 않게 목격할 수 있다. 그런데 이는 '책임감 분산' 현상이 일어나는 이유 중에 하나가 된다. 물론 어느 특정인이 대단한 능력의 소유자라서 여러 가지 일을 동시에 맡는 경우도 있다. 하지만 대개는 인건비 절감이나 채용의 어려움 때문에 어쩔 수 없이 일어난 인사 정책 중 하나인 경우가 많다. 어쩔 수 없이 관련된 주변 포지션을 맡기다 보니 '기획실장 겸 관리본부장' 또는 '연구소장 겸 생산본부장'과 같이 한 사람이 복수의 포지션을 맡는 현상이 종종 생기는 것이다.

그러나 나는 개인적으로 '겸무'라는 이름의 타이틀은 성과에 도움이 되지 않는다는 점을 분명히 말하고 싶다. 물론 상황이나 사람에 따라 의도한 바대로 도움이 되는 케이스도 없지는 않겠지만 대개는 실패로 귀결되는 경우가 많다. 아마도 여러 가지 직무에 대해 책임져야 한다는 것은 어느 하나를 실패해도 용서가 된다는 암묵적 합의도 동시에 있기 때문일 것이다. 또한 여러 가지 일에 집중할 수 없다는 능력의 한계도 작용하는 것이라고 생각한다.

확인 작업을 위해 나는 주변에 있는 후배들을 대상으로 간단한 설문을 돌려본 적이 있다. "현재 맡고 있는 직책 외에 또 하나의 타이틀을 부여받았을 때 '더욱더 책임감이 앞선다 vs 실패해도 변명거리가 있다' 중에서 우선 어떤 기분이 들까?"라는 제목으로 질문을 던져본 것이다. 주변의 가까운 후배 35명 정도가 "선배님, 이런 난처한 질문을 하시면 어떡합니까?"라는 볼멘소리와 함께 결과가 취합되면 꼭 알려달라고 요청해서 다음과 같은 답신을 보내주었다.

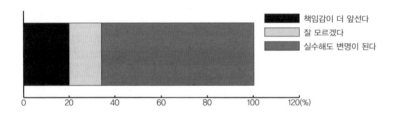

결과에서도 나왔듯이 한 사람에게 여러 가지 일을 맡긴다는 것은 긍정적 결과보다는 부정적 결과로 이어질 가능성이 높다. 혹시나 하는 기우에서 '그 사람이 정직하다거나 불성실하다는 것과는 다른 이야기'라는 점을 분명히 한다. 이것은 단지 앞에서도 언급했듯이 '책임감 분산 효과'라는 인간의 기본적인 심리의 결과일 뿐이지 그 이상도 이하도 아니라는 것이다.

이런 결과를 근거로 나는 아직도 많은 조직에서 시행하고 있는 복수의 포지션을 한 사람에게 맡기는 조직 구조에 대해 다시 한 번 재고할 것을 권유드린다. 물론 어쩔 수 없는 상황도 배제할 수는 없다. 특정인에게 복수의 포지션을 맡겨야만 할 상황이 전혀 없을 수는 없으니까. 그러나 내가 아는 한 주변에서 기대만큼의 효과가 있었던 적은 없었다는 사실을 강조하고자 한다.

목표도 마찬가지다. 주어진 미션을 수행하는 데 있어서 플랜 A가 실패할 경우를 대비한 플랜 B는 오히려 미션의 성공 확률을 떨어뜨린다는 연구 결과가 있다. 다음은 '백업 플랜이 성과를 방해한다 Making a backup plan undermines performance'라는 논문을 발표한 미국 위스콘신 대학 경영대학원의 신지혜 교수의 말이다. "우리는 목표를 이루는 데 있어서 운이 아닌 노력이 필요할 때, 플랜 B가 목표를 향한 열망을 감소시켜 성과에 해를 끼칠 수 있다는 사실을 밝혀냈다. 플랜 A가 실패할 경우를 대비해 플랜 B를 생각한 사람들은 성공에 대한 열정과 동기부여가 부족했던 탓에 노력을 덜 기울였고 결과도 좋지 않았다."

관련하여 비슷한 실험이 또 하나 있다. 네덜란드 암스테르담 대학의 오크제 베르호에벤 Aukje Verhoeven 교수가 발표한 글 *Less is More: The effect of multiple implementation intentions targeting unhealthy snacking habits(2013)*로서 "선택지는 적을수록 좋다"라는 내용을 담고 있다.

연구 방법 연구진은 '군것질을 줄이는 조건으로 10유로의 상금이나 공짜 학점의 제공'을 약속하며 평균 이상의 과체중인 여학생 63명을 실험 대상으로 선정한다. 그리고 그녀들에게 자신의 군것질 습관을 꼼꼼하게 기록하도록 지시한다. 자신들의 다이어리에 먹고 마신 것들에 대해 3일 동안 기록해달라고 요청한 것이다. 연구진은 학생들이 간식을 언제 어디서 먹었는지와 함께 각자의 군것질 횟수와 섭취 칼로리를 기록하게 했다.

그리고 연구진은 다이어리를 작성한 학생들을 세 그룹으로 나누고 그들에게 다이어트 실행에 동참한다는 서약서를 쓰게 했다. 거기에 더해 어떤 방식으로 군것질의 횟수와 양을 줄일 것인지에 대한 구체적인 실행 계획도 작성케 한다. 그러면서 그 방식에 있어서 조별로 약간의 차이를 두게 했다.

A조: 1개의 실행 계획서
B조: 3개의 실행 계획서
C조: 몸에 좋은 간식으로 10개를 적고 섭취

이 작업이 끝난 후 학생들에게는 다시 다이어리 작성 과제가 주어졌는데, 다이어트 실행 계획서의 작성 이후 3일 동안 먹게 될 군것질의 횟수와 칼로리를 측정하도록 했다.

연구 결과 우선 실행 계획서를 1개만 제출한 A그룹의 성적이다. 1일 평균 군것질 횟수는 2.45→1.45, 1일 평균 칼로리 변화는 420→243으로 가장 큰 개선을 기록했다. 다음으로 실행 계획을 3개 적어낸 B그룹의 성적이다. 1일 평균 군것질 횟수는 1.95→1.83으로 약간의 개선을 이루었으나 1일 평균 칼로리 변화

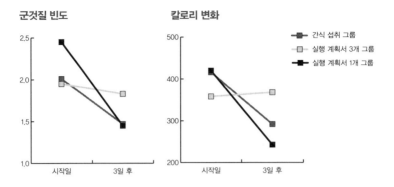

군것질 빈도

칼로리 변화

- 간식 섭취 그룹
- 실행 계획서 3개 그룹
- 실행 계획서 1개 그룹

그룹별 결과

그룹\종류	군것질 횟수		칼로리 변화	
	전	후	전	후
A	2,45	1,45	420	243
B	1,95	1,83	358	368
C	2,01	1,47	416	292

는 358→368으로 오히려 증가했다. 마지막으로 C그룹은 1일 평균 군것질 횟수는 2.01→1.47, 1일 평균 칼로리 변화는 416→292으로 그런대로 좋은 개선을 기록했다.

　이 실험에서 우리는 목표 달성을 위한 방법이 지나치게 많으면 오히려 결과는 더 악화된다는 사실을 파악할 수 있다. 이유는 목표에 이르는 여정에 있어서 에너지를 분산시키고 집중력을 약화시키기 때문이다. A그룹과 같이 오로지 그 목표를 달성하기 위해 쓸 수 있는 한 개의 플랜만 있는 그룹이 압도적으로 집중력을 발휘하여 실행력이 강화된다는 것이다. 하나에 집중해서 총력을 다

하라는 메시지로 해석할 수 있다.

웅진과 메가스터디의 같지만 다른 길

오로지 하나의 목표만 향해 달려온 기업과 여러 개의 목표를 달성하기 위해 수없이 많은 인수·합병을 시도한 비슷한 업종의 기업이 있다. 같은 교육 업종에서 시작했으나 정반대의 행보 때문에 큰 대조를 이루고 있는 기업들이다. 하나는 웅진이고 하나는 메가스터디이다.

웅진은 1980년 3월에 세운 헤임인터내셔널이 발전하여 만들어진 기업이다. 헤임인터내셔널은 웅진그룹 창업자 윤석금 회장이 자본금 7,000만 원으로 7명의 직원과 함께 세운 출판사다. 반면, 메가스터디(주)는 웅진보다 20년이나 늦게 출발한 기업이다. 메가는 2000년 7월 온라인 입시교육 전문 업체로 출발했다. 2015년 4월 교육 사업을 주로 하는 메가스터디교육(주)과 그 외 사업 영역을 아우르는 메가스터디(주)로 인적 분할된 후, 본사 및 계열사를 통해 초·중·고 학생과 일반 성인 등을 대상으로 출판 콘텐츠 사업, 온·오프라인 교육 사업에 진출한다.

위의 도표를 한번 보도록 하자. 인수·합병과 매각을 수없이 반복하고 있는 웅진의 연혁을 확인할 수 있다. 반면, 교육이라는 카테고리 안에서 한 우물만 파고 있는 메가의 역사도 확인할 수 있다. 한때 재계 30위권 안에 들어갔던 웅진은 지금 끝없는 추락으

웅진씽크빅과 메가스터디 주요 연혁 비교

웅진씽크빅		메가스터디	
연도	주요 연혁	연도	주요 연혁
1980	헤임인터내셔널 설립	2000	메가스터디 설립
1988	코리아나화장품 설립	2004	메가스터디 코스닥 상장
1990	한성물산 설립(코웨이 전신)	2008	성인 교육 메가엠디 출범
2006	웅진에너지 설립		메가북스 출범
2007	극동건설 인수	2015	메가스터디와 메가스터디교육 분할
	헤임 → 웅진씽크빅 사명 변경		메가스터디 메가북스 흡수 합병
2008	웅진케미컬 인수		메가엠디 코스닥 상장
2012	극동건설, 웅진홀딩스 매각		
	웅진코웨이 매각		
매출	6,500억	매출	4,400억
영업이익	270억	영업이익	600억

로 그 끝을 알 수가 없을 정도다. 반면 메가스터디는 지속적인 성
장세를 이어가고 있다. 같은 교육 사업으로 시작한 웅진과 메가스
터디의 과거 주요 연혁에서 우리는 어렵지 않게 메가의 성공 방
정식을 알 수가 있다.

자신들이 잘 알고, 잘할 수 있는 영역에 핵심 역량을 집중한 단
순 경영의 덕분이 아닐까 생각해본다. 그러고 보면, 기업이고 개
인이고 성공 비결은 똑같다는 생각이 든다. 멀티^{multi}가 아닌 온리
원$^{only one}$에 승부수를 던지는 기업이 성공할 확률이 더 높은 것 같
다. 개인이든 기업이든 핵심에 집중할 수 있게끔 환경을 만들어주
는 것이 좋겠다.

19
상대방의 관심과 흥미에
초점을 맞춰라

Question

공장 자동화 기기를 제조·생산하는 회사다. 스마트 팩토리에 대한 수요가 늘면서 회사도 급성장하는 추세에 있다. 이쪽 분야의 일이 많아지는 만큼 경쟁회사들의 인력 스카우트 전쟁도 치열해지고 있다. 인력의 이탈을 방지하기 위해 모든 행동을 돈으로 환산해서 지급하는 방안을 추진하려 하는데 효과가 있을지 고민이다.

돈에 욕심이 없는 사람은 없다. 그렇다고 해서 돈이 전부라고 생각하는 사람도 없다. 욕심은 나지만 그렇다고 그 돈이라는 것을 갖기 위해 수단 방법을 가리지 않겠다는 말이 아니다. '매슬로우의 인간 욕구^{Maslow's hierarchy of needs} 5단계 이론'이라는 것이 있다. 사람은 누구나 다섯 가지 욕구를 가지고 태어난다고 한다. 1단계 생리적 욕구, 2단계 안전 욕구, 3단계 소속 욕구, 4단계 존경 욕구, 5단계 자아실현 욕구가 그것이다.

인간은 다른 동물들처럼 원초적 본능에 이끌려 살아가지는 않는 것 같다. 궁극적으로는 5단계 욕구설의 최종 단계인 자아실현의 욕구가 마음을 움직이게 하는 가장 큰 유인책이 되기 때문이다. 여기 관련된 실험 하나를 소개하겠다. 돈으로 사람의 마음을 살 수 없다는 사실을 증명하고 있는 고전적인 실험인데, 다니엘 핑크^{Daniel Pink}가 쓴 《드라이브》라는 책에 수록된 내용이다.

돈을 주면 헌혈을 더 많이 할까?

영국의 혈액 기증에 대해 연구해온 사회학자 리처드 티트머스^{Richard Titmuss}는 1970년에 상당히 대담한 의견을 제시한다. 그는 혈액에 돈을 지불하는 것이 비윤리적일 뿐만 아니라 비효율적이라고 주장하면서 영국 정부가 혈액 기증자들에게 돈을 주면 혈액 공급량이 감소할 것이라고 주장한다. 티트머스의 이러한 주장은 당시 경제학자들 사이에서 웃음거리가 되었다. 그로부터 25년 후

스웨덴의 경제학자들이 티트머스의 주장이 일리가 있을지도 모른다는 생각에 그의 주장을 확인해보기로 한다. 그들은 고텐부르크의 지역혈액센터를 방문해서 혈액 기증에 관심이 있는 여성 153명을 모았다. 그리고 동기 연구자들 사이에서 관행으로 굳어진 방법에 따라 그들을 세 그룹으로 나누었다.

첫 번째 그룹에게는 혈액 기증은 자발적이기 때문에 혈액을 기증하더라도 아무런 보상이 없다고 말해준다. 두 번째 그룹에게는 다른 방안을 제시한다. 혈액을 제공하면 각자 50스웨덴 크로노르(약 7달러)를 받게 될 것이라고 말해준다. 세 번째 그룹은 두 번째 그룹에서 다시 변형된 제안을 받는다. 그들에게는 50스웨덴 크로노르를 받게 되며, 받은 돈을 소아암 자선기금에 바로 기증할 수 있다고 말해준다.

그리고 나서 사람들의 혈액 기증에 대한 행동 변화를 관찰해본 결과는 다음과 같았다.

첫 번째 그룹의 여성 중 52퍼센트가 혈액을 기증했다. 아무런 보상이 없는데도 동족인 스웨덴인을 위해 자신의 피를 주려는 착한 시민들이다. 두 번째 그룹은 어떠했을까? 놀랍게도 이 그룹에서 혈액 기증 의사를 밝힌 사람은 30퍼센트에 불과했다. 돈을 주겠다는 제안을 받은 후에 혈액 기증자의 수가 늘어나기는커녕 거의 절반으로 줄어든 것이다. 한편, 돈을 받되 바로 자선단체에 기부할 수 있는 선택권을 가진 세 번째 그룹은 첫 번째 그룹과 비슷한 반응을 보였다. 53퍼센트가 혈액을 기증한 것이다.

결국, 티트머스의 육감은 정확했다. 현금이라는 인센티브가 주어진다고 해서 원하는 행동을 더 많이 이끌어낼 수는 없었던 것이다. 금전적 보상은 이타적인 행동을 더럽힐 뿐만 아니라 선행을 베풀려 하는 내재적 욕구를 밀쳐내는 효과가 있기 때문이다.

티트머스 교수의 실험 결과를 접하면서 군대 시절의 헌혈이 생각났다. 그때는 헌혈 후에 나누어주는 초코파이에 현혹되어 아무 망설임 없이 했었던 건데 '내 영혼을 팔아먹는 행동이었나' 하는 묘한 기분이 들었다. 그러나 '상황이 사람을 만든다'고 했다. 변명 같이 들리기는 하지만, 당시의 특수한 상황으로 인한 행동이라는 말로 스스로에 대한 자기 합리화를 시도해본다. 아마 지금의 군인 아저씨들은 초코파이에 자신의 피를 팔지는 않을 것이다.

티트머스의 실험을 입증할 만한 증거를 우리 주변에서도 확인할 수 있다. 강남역에 가면 항상 헌혈차를 볼 수 있다. 그들은 헌혈하면 영화 티켓을 준다고 대대적으로 홍보하고 있다. 그러나 아무도 그 헌혈차에 오르는 사람은 없다. 아마도 자신의 소중한 피에 대한 대가가 기껏 영화 티켓 두 장으로 대신할 수 없다고 마음먹은 사람들일 것이다. 반면에 우리 동네 헌혈차의 양상은 조금 다르다. 간혹 헌혈을 위해 차량 안으로 들어가는 사람들을 볼 수 있다. 궁금해서 가까이 가보았다. "여러분의 소중한 피 한 방울이 혈액 수입을 막을 수 있습니다"라고 쓰인 문구가 보였다. 아직 돈보다는 애국심이 먹히고 있는 듯하다.

굳이 헌혈이 아니어도 나는 사람들의 마음을 돈으로 살 수 없다는 진리를 경험한 적이 있다. 비슷한 실험을 아주 오래전에 식당에서 근무하는 아주머니들을 대상으로 한 적이 있었는데 그때 무엇이 사람의 마음을 움직이는지 알게 된 것이다. 돈에 가장 민감한 업종은 아무래도 영업이나 서비스직에 있는 사람들이다. 자신들의 행동 하나하나가 바로 금전적인 이익으로 연결되기 때문이다. 그래서 이런 업종에 있는 사람들이 다른 업종과 비교해 돈에 대해 느끼는 매력이 다소 상위에 랭크가 된다. 문제는 어느 정도의 영향을 미칠까 하는 것인데 이를 확인해보기 식당에서 일하는 분들을 대상으로 실험을 해본 것이다.

식당 아주머니를 감동시킨 편지

마침 친한 후배가 유명 프랜차이즈 기업에서 고위 임원을 하고 있었기에 그에게 부탁해 실험을 진행했다. 우선 나는 3곳의 식당을 지정해서 아래와 같이 상황을 설정했다.

A점포: 고객으로부터 칭찬 카드를 받는 상황

B점포: 점장으로부터 칭찬 카드를 받는 상황

C점포: 점포에서 발생한 이익금을 가지고 직원들에게 성과급을 지급하는 상황

A의 상황은 고객이 식사 후 계산을 마치고 나가기 전에 담당했

던 직원에게 감사의 메시지를 적게 하는 상황이다. 고급 식당은 테이블마다 담당 직원이 지정되어 있기 때문에 테이블 번호만 알면 담당자 이름을 아는 건 어렵지 않다. B의 상황은 점장의 주관적 기준으로 직원을 선발해서 그 직원에게 감사 메시지를 쓰게 하는 것이다. 그리고 C의 상황은 점포별로 발생한 수익에서 이익금의 일정 부분을 떼어 직원들에게 성과급으로 지급하는 방식을 말한다. 나는 일주일 단위로 이런 방식을 직원들에게 직접 적용했고, 1개월 후에 그들의 마음을 알아보는 조사를 했다. 그랬더니 다음과 같은 결과가 나왔다.

점포별 직원 만족도 차이 비교(5.0 만점)

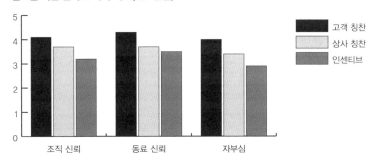

일에 대한 고객 칭찬의 수치는 이해가 가는데, 다른 영역은 좀 의외였다. 조직에 대해 느끼는 신뢰도와 동료에 대한 신뢰도 모두 A-B-C의 순으로 나왔기 때문이다. 결과를 보면서 '돈보다는 의미 부여'의 중요성을 새삼 느끼게 되었다. '서비스업은 돈이 전부다'라는 생각을 가지고 있었는데 그게 아니었던 것이다.

이전에 연구소나 기술 개발에 있는 분들을 대상으로 한 실험에서는 그들을 동기로 이끄는 가장 큰 요소가 '좀 더 고급 기술을 배우는 것'에 있었다. 마찬가지로 서비스업에 계신 분들에게 가슴 뛰게 하는 동기는 돈이 아니라 고객으로부터의 존중에 있었던 것이다. 결론을 말하자면, 각자의 관심 영역이나 직무에 따라 원하는 것들이 서로 다르다는 사실을 확인할 수 있다.

사람들의 이런 심리를 알려주는 논문 *Central and Peripheral Routes to Advertising Effectiveness: The Moderating Role of Investment*(1983) 하나를 소개할까 한다. 원래는 마케팅에서 '소비자의 관심에 주목하라'는 취지로 인용되고 있는 논문인데 나는 이것을 '직원들의 관심 사항에 주목하라'는 개념으로 응용하고자 한다. 글쓴이는 오하이오 주립대학의 리처드 페티[Richard Petty] 교수다.

연구 방법 1 비교를 위해 그룹을 A(고관여: High Involvement)와 B(저관여: Low Involvement)로 나누었다. A그룹에는 레이저 면도기를 보여주면서 회의가 끝나면 나눠준다고 말한 다음 레이저 면도기를 눈에 잘 보이는 위치에 배치하고 회의에 들어간다. 그리고 중간에 레이저 면도기에 대한 광고를 보여준다. 그리고 회의가 끝난 후에 광고로 보여주었던 레이저 면도기의 특징이나 장점에 대한 항목을 체크하게 한다. 목적은 광고를 보았던 사람들이 얼마나 많이 세부 정보를 기억하고 있는지를 체크하기 위함이다.

B그룹에는 회의가 끝나고 치약을 준다고 말한다. 그러고 나서

레이저 면도기에 대한 광고를 보여준다. 받기로 약속한 것은 치약인데, 도중에 나오는 광고는 레이저 면도기가 되는 것이다. 아무래도 본인이 받기로 약속한 물건이 아니다 보니 관심도가 떨어질 수밖에 없다. 회의가 끝난 후에 실시한 레이저 면도기의 특장점에 대한 체크에서도 정확도가 확연히 떨어진다. 사람들의 머릿속에는 특장점보다는 제품의 디자인 같은 외형적인 요소만이 남아있었다.

매체에 따른 사람들의 태도 변화

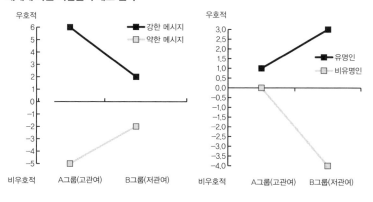

연구 방법 2 유명인이 광고한 제품과 비유명인이 광고한 제품으로 나누어 참여한 사람들의 반응을 측정하는 실험을 추가로 해보았다. 그룹을 다시 A와 B로 나누어서 8개의 광고를 보여주고 실험 집단을 대상으로 광고 효과를 알아보기로 한다.

연구 결과 2 먼저 A그룹의 결과를 보도록 하자. A그룹, 즉 고관여도 상황의 그래프를 보면 강한 메시지의 점수가 눈에 띄게 높다는 것을 알 수 있다. 나와 직접적으로 이해관계가 걸려 있는 제품이라면 주변적인 내용은 의미가 없다는 말이다. 그 제품의 경쟁력이나 특장점이 무엇인지에 대한 핵심 정보가 중요한 것이지 다른 것들은 크게 중요하지 않다는 뜻이다.

다음은 B그룹의 결과다. B그룹, 즉 저관여도 상황의 그래프를 보면 유명인이 나올 때 점수가 가장 높게 나온다. 비유명인이 나왔을 때는 점수도 낮고 제품에 대한 메시지의 강도도 떨어진다. 오로지 유명인이 광고할 경우에만 높은 점수를 기록한다. 나의 관심도가 낮은 제품의 경우에는 유명인이 나와야 나의 호감도가 올라간다는 말이기도 하다. 나의 관심이나 흥미가 높은 분야에 있어서는 유명인 쪽이 보통보다 조금 더 높은 호감도를 갖긴 해도 그렇게 큰 차이는 없다.

이처럼 내가 갖는 관심이나 흥미에 따라 나에게 제공되는 혜택이 효과성을 발휘할 수도 있고 아무런 효과가 없을 수도 있다. 남에게 맛난 음식이 내게도 맛난 음식일 수 없는 것과 같다. 우선 상대방의 관심과 흥미가 어디에 있는지를 찾아내야 한다는 말이다. 거기에 맞추어서 주고자 하는 혜택도 고민해야 한다.

비슷한 사례를 하나 더 들어보자. 어느 외국 기업의 국내 법인에서 관리자들을 대상으로 리더십 강연이 3회 예정되어 있었다. 도중에 그 기업 대표와 식사할 기회가 있었는데 밥을 먹는 내내 표정이 좋지 않아 무슨 고민이 있느냐고 물어보았다.

"회사에서 스카우트 작업이 진행 중인 고급 인력이 한 명 있습니다. 국내 대기업의 기술연구소에서 일하고 있는데, 우리에겐 정말 필요한 사람입니다. 그런데 이 사람이 처음에는 우리 쪽으로 올 듯하더니 마음이 변한 모양입니다. 오지 않겠다고 하네요. 맨 처음에 약속했던 연봉에서 10퍼센트를 더 올려주겠다고 하는데도 주저합니다. 독일 본사에서도 관심을 갖는 사람이라 채용 번복이 일어나면 제가 많이 곤란해지는 상황이 됩니다."

나는 그분의 고민을 듣고 "독일 본사의 연구소로 3개월간 기술 연수를 보내준다고 한번 말씀해보세요. 인센티브도 중요하지만 금전적인 요소를 뛰어넘는 매력 포인트가 하나씩은 있더라고요. 기술연구직의 경우 기술적인 분야에서 좀 더 많은 것을 배울 수 있는 기회가 주어지기를 바라고 있을지도 모르죠. 한번 상대방 의사를 타진해보고 기술적인 데 욕구가 있어 보이면 3개월 정도 본사의 기술연구소로 유학을 보내주겠다고 제안하면 마음이 움직일지도 모릅니다"라고 조언했다. 일주일 후, 그분에게서 전화가 걸려왔다. 그분은 "오케이 받았습니다. 너무 좋아하네요. 소장님은 만나보지도 않고 그 사람의 니즈를 어찌 그리 잘 파악하셨나요?"라고 말을 이어갔다.

그렇다면 나는 어떻게 '기술 유학'이라는 단어를 떠올리게 되었을까? 사람을 상대하는 일이 직업인지라 여러 가지 직접적인 경험도 있었지만 사실은 어느 기업의 연수에서 얻은 경험 덕분이다.

국내 모 유명 엔지니어링회사의 팀장들을 대상으로 한 워크숍에서 있었던 일이다. 이곳 직원들을 일로 이끄는 동기부여가 무엇인지를 알아보기 위해 마련한 자리였고, 내용 중에 "회사의 지원 제도 중에 나를 가장 기쁘게 하는 것은 무엇인가?"라는 질문이 있었다. 여러 가지가 나왔고 최종 선발된 것들을 중심으로 다시 설문 조사를 했더니 아래의 결과가 나왔다.

Q. 회사의 지원 중에 나를 가장 기쁘게 해주는 것은 무엇인가?

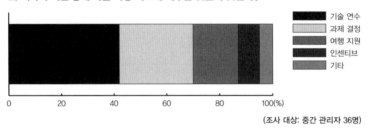

(조사 대상: 중간 관리자 36명)

이런 질문을 하면서 항상 느끼는 것은 직무에 따라 가슴 뛰게 하는 것들이 다르다는 사실이다. 영업직무의 경우 절대 저런 답이 나오지 않는다. 위에는 빠져 있지만 '고객이나 상사의 칭찬' 또는 '인센티브'와 같은 단어가 가장 많이 나온다. 그런데 이 회사 사람들은 기술 연수나 과제 결정과 같은 단어가 공통된 의견으로 제일 많이 나온 것이다. "3년 전에 미국으로 1개월간 기술 연수를 간 적이 있는데요, 정말 가장 기억에 남는 추억이에요. 그쪽 사람들 일하는 걸 보면서 저 스스로 많이 성숙해진 듯한 느낌이었거든요. 다시 그런 기회가 주어지면 좋겠다"라는 개인 의견을 들으며 사람들의 성장 욕구에 대해 다시 한번 생각해본 적이 있었다.

마지막으로 에피소드를 하나만 더 소개하고 글을 마무리하고자 한다. 어제저녁에 있었던 일이다. 일행과 함께 저녁을 먹으러 들어간 식당에서 홀을 맡으신 아주머니를 향해서 이렇게 말을 건네 보았다.

"아주머니는 상당히 베테랑이신 것 같아요. 이렇게 많은 사람들이 주문하는 데도 정확히 외우시고 전혀 실수가 없으시네요. 심지어 미소까지도 예쁘시니 손님들한테 인기도 엄청 많을 것 같아요."

이 정도의 접대성 멘트는 돈이 드는 것도 아니고, 별다른 수고가 필요한 것도 아니다. 그렇게 큰 의미를 두지 않고 그냥 기분 좋으라고 건넨 말이었는데, '새우튀김' 한 접시가 서비스로 나왔다. '좀 더 일찍 이런 인생의 비밀을 알았더라면 얼마나 좋았을까' 하는 생각이 밀려왔다.

20
길을 찾는 자가 있고
핑계를 찾는 자가 있다

Question

커피회사에서 재무와 관리를 책임지고 있다. 최근 경영진이 이상한 행태를 보이고 있다. 커피 쪽이 더는 비전이 없다며 엉뚱한 곳을 기웃거리고 있는 것이다. 그러나 나는 생각이 다르다. 더치커피라는 틈새시장으로 진입한 거라서 충분히 해볼 만하다고 생각한다. 이 사업에 회의를 품고 있는 사람들을 설득할 좋은 방법이 없겠는가?

나는 사업 기획이나 전략 쪽으로 조언하는 사람이 아니다. 그러나 '사업의 성공을 위해서 무엇이 가장 필요한지'에 대해서는 누구나 이구동성으로 말하는 공통적인 단어가 하나 있다. 바로 '끈기'다. '포기하지 않는 것'이라고 말한다. 이건 개인이건 기업이건 공통적으로 통용되는 단어라고 생각한다. "포기하지 않고 걸어가다 보면 반드시 길은 나온다"라는 말은 내가 매우 좋아하는 격언이다. 물론 그것만이 전부는 아니겠지만, 이런 자세가 기본적인 전제조건이 되어야 한다는 말로 시작해보겠다.

내가 아는 분 중에 직장인의 직무 개발과 관련된 강의안을 온라인으로 만들어 유튜브나 포털에 게재하는 일을 하는 분이 있다. 이분이 그 사업을 시작한 건 10년도 훨씬 더 전의 일이다. 그런데 지난 10여 년 동안은 아무런 두각을 나타내지 못하다가 광풍처럼 번진 코로나 바이러스 덕분에 요즘 업계의 최강자가 되었다. 그동안 이 회사가 꾸준히 만들어놓은 온라인 강좌들이 불티나게 팔리면서 순식간에 매출이 늘어서 그렇다고 한다. 물론 신규 고객의 영입도 눈에 띄게 증가했다고 한다.

사실 나는 이분의 이름은 알고 있었지만 만난 적은 한 번도 없다. 그러다 '조직 문화'와 관련된 강의가 개설되어 관련 콘텐츠 제작 때문에 그 회사를 방문하게 되어 그분과 티타임을 갖게 되었다.

"대표님, 요즘 많이 바쁘시죠? 오늘 와서 보니까, 직원들도 꽤 많이 늘어난 것 같고 개설하신 강좌도 상당한 것 같네요. 무엇보다도 내부 분위기가 활기 넘쳐서 좋습니다."

"코로나 바이러스 사태로 대면 접촉을 꺼리는 분위기라 온라인 강좌에 대한 수요가 급격히 증가해서 그렇습니다."

"처음부터 온라인 교육 사업을 하신 건가요?"

"사업을 시작한 건 10여 년 정도 됩니다. 처음에는 노동부 학점 지원제 사업으로 시작하게 되었습니다."

"노동부 학점 지원제라면 지원금이 줄어드는 바람에 거의 대부분의 회사가 못 버티고 시장을 떠난 걸로 알고 있는데…."

"예, 맞습니다. 사업을 시작하고 얼마 안 있어 정부 지원금이 갑자기 대폭 삭감되면서 대부분 철수를 했지요. 당시 저도 사업을 접고 친구가 운영하는 회사에 취직을 할까도 심각하게 고민했습니다."

'학점 지원제'란 중소기업에 재직하고 있는 사람들의 자기 계발을 지원하기 위해 정부가 만든 사업이다. 중소기업에 근무하고 있는 근로자가 온라인으로 강좌를 수강하고 소기의 학점을 이수하면 수강료를 정부가 대신 지원하는 제도를 말한다. 처음에는 제법 인기가 많은 사업이었다. 하지만 시행하면서 여러 가지 편법과 부정이 생겨났고 그러자 정부가 학점 인정 강좌를 줄이면서 관련 시장이 죽어버렸다. 그런 시장에서 살아남은 사업 노하우가 궁금했다.

"거의 대부분 오래가지 못하고 망한 걸로 기억하고 있는데 어떻게 살아남으셨어요?"

"선택과 집중 전략을 택했습니다. 수요가 있는 강좌 몇 개만 남기고 전부 버렸지요. 그리고 관련 기술을 응용하여 사내 방송용 콘텐츠 제작 사업을 시작했습니다. 단순한 직무 교육이 아닌 디지털 엔터테인먼트 방송으로 영역을 확장하게 된 거지요."

"지금은 거의 전성기이신 것 같은데, 지금의 성공을 이룰 수 있었던 비결은 무엇이라 할 수 있을까요?"

"아직도 멀었지만 지금의 자리에 올 수 있었던 비결을 말하라 하면, 당연히 '포기하지 않았던 끈기'라고 말하고 싶네요. 중간중간 참 힘든 시기가 많았거든요. 그때마다 포기하고 안정적인 직장인이 될까 하는 생각도 참 많이 했지요. 근데 여기서 포기하면 인생이 끝장일 것 같은 생각이 들더라고요. 그냥 꾸준히 걸어왔는데, 대재앙이 생각지도 않은 기회를 만들어주네요, 하하."

이 회사에는 지난 10년간 축적해온 수많은 교육 콘텐츠들이 사람들의 선택을 기다리고 있다. 아는 게 이것밖에 없어서 할 수 없이 지금까지 해왔다고 말하고 있지만, 그건 겸손의 멘트라고 생각한다. 아무리 온라인 교육에 대한 수요가 많은 시기라고는 하지만 콘텐츠가 시대에 뒤떨어져 있다면 고객의 외면을 받을 수밖에 없다. 그런데 그가 가지고 있는 교육 프로그램은 거의 모두가 지금 시대에 어울리는 것들이다. 사내 방송의 아웃소싱 사업을 하면서 그때그때 관련 콘텐츠를 재가공하고 업데이트하면서 사전 준비를 동시에 해오고 있었던 것이 큰 힘이 된 듯하다.

"불확실성 때문에 그만 접을까 하는 생각도 한두 번 했던 게 아니지만 '시대가 변해도 콘텐츠는 남는다'는 신념으로 포기하지 않고 지금까지 온 덕분에 드디어 꽃을 피우게 되었다"라는 그의 말이 강렬한 인상으로 뇌리에 남아있다.

성공한 사람들의 공통점

'포기하지 않는 끈기와 인내'는 참으로 중요한 주제다. 여기 '끈기와 인내'라는 주제를 가지고 평생을 연구한 학자가 있다. 바로 베스트셀러 《그릿》의 저자 앤절라 더크워스Angela Duckworth 교수다. 그녀는 중국계 미국인으로 현재 미국 펜실베이니아 대학의 심리학과 교수로 재직 중이다. 그녀는 대학원 시절부터 성공한 사람들의 공통적 특성이 어디에 있는지가 궁금했다고 한다. 이 주제는 그녀에게 있어서는 일생에 걸친 관심 사항이자 학위 논문의 주 테마이기도 하다.

성공의 심리학을 연구하기 위해 그녀는 재계, 예술계, 체육계, 언론계, 학계, 의학계, 법조계에 있는 사회 여러 분야의 지도급 인사들을 수없이 면담했다. 그렇게 그들과의 인터뷰를 통해 과연 어떤 요소가 그들을 성공으로 이끌었는지를 연구하기 시작한다. 그녀는 개인적 특성이나 분야별 특성을 고려한 개별적 요소의 성공학 발견도 중요했지만, 그보다는 성공한 사람들 모두를 아우르는 공통적인 특성이 무엇인지를 밝혀내는 것이 더 중요하다고 생각했다.

이렇게 시작한 인터뷰가 10여 년을 이어갔고, 마침내 그녀는 성공한 사람들의 공통적 특성을 발견하게 된다. 그녀가 인터뷰한 사람들은 대개는 분야에 상관없이 운도 좋았고 재능도 있었다. 하지만 그게 전부가 아니었다. 혹시 실패했더라도 포기하지 않고 계속 시도해가는 남다른 의지를 갖고 있었다. 큰 업적을 달성한 사람들은 그 끈기와 인내가 다른 사람들의 그것과는 매우 큰 차이가 있었다.

책에서 더크워스 교수가 한 말이다. "요컨대 분야에 상관없이 대단히 성공한 사람들은 굳건한 결의를 보였고 이는 두 가지 특성으로 나타났다. 첫째, 그들은 대단히 회복력이 강하고 근면했다. 둘째, 자신이 원하는 바가 무엇인지 매우 깊이 이해하고 있었다. 그들은 결단력이 있을 뿐만 아니라 나아가야 할 방향도 뚜렷이 알고 있었다. 성공한 사람들이 가진 특별한 점은 목표를 향한 뜨거운 열정과 포기하지 않는 끈기와 인내였다. 한마디로 그들에게는 '그릿'이 있었다."

그릿과 맥이 통하는 고전적인 실험이 하나 있다. 바로 그 유명한 마시멜로 이야기다. 이야기는 이렇게 시작된다. 선생님이 네 살짜리 아이들에게 마시멜로가 한 개 들어있는 접시와 두 개 들어있는 접시를 보여준다. 지금 먹으면 한 개를 먹을 수 있지만 선생님이 돌아올 때까지 먹지 않고 있으면 두 개를 주겠다고 한다. 그러고는 마시멜로가 하나 들어있는 그릇을 아이 앞에 놓고 방에서 나간다. 아이들의 반응은 선생님이 나가자마자 먹어버리거나, 참다가 중간에 먹어버리거나, 끝까지 참고 기다리는 것으로 나뉜다.

스탠퍼드 대학의 심리학자 미셸^W. Mischel 박사는 1966년에 만났던 653명의 네 살배기 꼬마들을 15년이 지난 후 그들이 10대가 된 다음에 다시 만났고, 1981년 그 유명한 마시멜로 연구 결과를 발표했다. 마시멜로를 먹지 않고 오래 참은 아이일수록 가정이나 학교에서의 삶 전반에서 참지 못한 아이들보다 훨씬 우수했고, 대학입학시험^SAT에서도 또래들에 비해 뛰어난 성취도를 보였다는 것이다.

이후의 추적 연구는 인내하지 못한 꼬마들이 비만, 약물중독, 사회 부적응 등의 문제를 가진 어른으로 살고 있는 데 반해 인내력을 발휘한 꼬마들은 성공한 중년의 삶을 살고 있음을 보고했다. 유사 연구들에 따르면 마시멜로 효과는 너무나 강력해서 지능지수보다도 더 예측력이 우수했고, 인종이나 민족에 따른 차이도 없었다. 마시멜로 실험 결과는 어렸을 때의 참는 힘, 절제력, 자기 통제력, 만족 지연력^delay of gratification이 어른이 되어서의 삶의 질을 결정한다는 것을 말해준다. 어찌 보면 마시멜로의 진화된 설명이 그릿이라고 말할 수도 있겠다. 실제로도 더크워스 교수는 그릿을 연구함에 있어 마시멜로 이야기가 단초가 되었다고 말하기도 했다.

마시멜로 이야기와 그릿에서 일관되게 주장하는 성공의 키워드인 끈기, 인내, 자기 절제력의 위대함을 교육의 현장에서 직접 확인한 실험이 얼마 전에 발표되었다. 미국 캘리포니아 머세드 대학의 마틴 해거^{Martin S. Hagger} 교수의 학업 성취도 측정 실험이다. 그는 자신이 교환교수로 있는 호주 그리피스 대학의 협조를 받아 그 지역에 거주하는 학생들을 통제 집단으로 설정하여 그릿 지수가 학업에 어느 정도 영향을 미치는지를 연구해서 발표했다. 그가 게재한 논문 *Grit and self-discipline as predictors of effort and academic attainment(2018)*을 잠시 살펴보도록 하자.

연구 방법 연구진은 호주 브리즈번에 거주하는 117명(남 58, 여 59)의 7, 8, 9학년 학생들을 대상으로 그들의 그릿과 절제력이 학업 성취에 미치는 영향도에 대해 알아보기로 했다. 모집된 학생들로 하여금 우선 자신들의 그릿 지수와 절제력, 개별 성향에 대한 셀프 체크를 하게 했다. 그리고 5주 후, 연구진은 학생들에게 선생님들이 준비해준 방과 후 과학 실험에 임하는 노력의 정도를 측정하도록 했다.

다시 5주가 지났다. 모든 학기가 끝나고 연구진은 담당하고 있던 선생님들로부터 학생들이 참여한 과학 수업에 대한 최종 점수를 요청했다. 이 결과를 토대로 각각의 요소가 학생들의 학업 점수에 미친 영향에 대한 상관관계를 분석해보았다.

연구 결과 그릿은 그 자체만으로도 절제력이나 수업에 임하는 자세, 그리고 최종 결과에 대해서도 지대한 영향을 미치는 것으로 판명되었다. 특히 그릿이 가장 영향을 크게 발휘하는 영역은 절제력이었다. 그릿의 영향을 받은 절제력은 수업이 진행되는 동안 학생들로 하여금 수업에 좀 더 적극적으로 임하도록 유도하는 역할을 하였으며, 이런 결과로 학생들은 담당 선생님들로부터 좋은 점수를 받을 수 있었던 것이다.

그릿의 하위 요인과 절제력, 노력, 점수, 나이, 성별과의 상관관계 분석표

변수	(1)	평균	표준편차	1	2	3	4	5	6	7
그릿-노력	.72	2.882	0.642	1.000						
그릿-흥미	.50	2.468	0.578	.422***	1.000					
절제력	.81	3.364	0.737	.640***	.379***	1.000				
노력	.96	4.396	1.585	.495***	.200*	.424***	1.000			
점수	.89	31.618	6.805	.432***	.251**	.379***	1.000			
나이	−	12.800	0.711	.161	.123	.056	.166	.128	1.000	
성별	−	−	−	.014	−0.39	.059	−.125	.063	.026	1.000

성공은 수없이 많은 흔적의 축적

이번에는 나의 경험담 하나를 소개하도록 하겠다. 오랜 일본 생활을 마치고 서울로 돌아와 사회생활을 이어갈 때의 일이다. 합작법인JVC, Joint Venture Company의 형태로 한국에 들어온 나는 운 좋게도 매우 훌륭한 상사를 만났다. IBM에서 스카우트되어 오신 분이었는데, 사람을 상대하는 매너뿐만 아니라 사업 전략을 짜는 비즈니스 마인드도 기대 이상으로 완벽한 분이었다.

신규 법인이었던 우리는 할 일이 너무 많았다. 최초로 한국 시장에 진입하는 일본 HRD 기업이라는 점과 한국과 일본의 JVC라는 점 때문에 업계의 주목을 한 몸에 받았다. 물론 법적으로 풀어야 할 문제도 한두 가지가 아니었다. 그분은 화려한 스펙은 없었지만 우리가 직면한 모든 문제에 대하여 해박한 지식을 가지고 있었다. 그는 이러한 지식을 바탕으로 조직 세팅은 말할 것도 없고 각종 사업 전략에도 발군의 실력을 보여주었다.

그러나 영원히 갈 것 같았던 한·일 양국의 JVC는 2년을 못 넘기고 결국 파국을 맞게 된다. 마지막 출근일, 인사를 겸해 그분의 사무실을 방문했을 때 "본부장님 같은 천재는 처음 봅니다. 정말 존경합니다. 그동안 정말 많은 공부가 되었습니다"라는 말로써 못다 한 아쉬움을 표현했다. 그런데 조용히 듣고 있던 그분이 한쪽 벽면을 차지하고 있던 캐비닛들을 하나씩 열어 젖히기 시작했다. 수백 권의 노트와 빽빽한 다이어리가 과거의 역사를 증명이라도 하듯 빛바랜 색깔을 과시하며 눈앞에 하나둘씩 모습을 드러냈다. 신입사원 때부터 최근까지 본인이 만든 모든 보고서와 각종 기획안이 그대로 보존되어 있었던 것이다.

"경수 씨, 여기 시장 보고서만 200개야, 그리고 여기 신규 사업 검토 보고서만 300개이고, 기타 보고서까지 다 합치면 족히 1,000개는 될 거야. 여기서 몇 개가 통과되었고, 몇 개가 현장에 적용되었을 것 같아? 10퍼센트도 안 돼! 왜 이런 말을 하는 줄 알아? 사람들은 결과만 본다는 거야! 그 결과를 위해 죽어라 만든 흔적은 모른다는 거지! 하지만 과정 없이 결과가 나오나? 수없이 많은 흔적들이 쌓이면서 경수 씨만의 노하우와 경쟁력이 생길 거야, 명심해!"

그분의 말씀을 100퍼센트 이해하기엔 어린 나이였지만, 인생의 나침반으로 삼기에 충분한 가르침이었다.

한 · 일 양국의 JVC가 해체된 후, 나는 일본 본사로 돌아갔고 그분은 글로벌 IT회사의 한국지사장으로 영전되어 갔다. 나중에 그 소식을 듣고 '역시 실력 있는 분이라 알아보는 데가 많구나. 우리 같은 조그만 회사에서 품기에는 그릇이 너무 큰 분이었어!'라고 생각하며 기쁜 마음에 서울로 전화를 걸었던 기억이 난다. 우리는 그 후로도 몇 번 더 연락을 주고받았다. 정말 나에게 많은 가르침을 주신 분이라고 생각한다. 새삼 감사한 마음이 올라온다. 그분 덕분에 나는 위대한 성공의 법칙은 꾸준함에 있다는 삶의 철학을 갖게 되었다. 포기하지 않고 꾸준히 양을 늘려가다보면 어느 순간 집념^{grit}이라는 그릇에 영감^{spirit}이라는 것이 살포시 들어온다고 믿게 된 것이다.

질문을 주신 분처럼 '혹시 내가 가는 이 길이 맞는 길인가?' 하는 의구심이 들 때는 다시 한번 '내가 왜 이 사업을 해야 하는지'와 '어떤 모습으로 성장할 것인지'에 대한 반문이 필요하다. 자신의 질문에 대해 확신이 선다면, 옆에 있는 사람들에게도 그 확신을 전파해야 한다.

그러기 위해서는 우선 뚜렷한 목표나 신념을 가지는 것이 중요하다. 그리고 그 확신을 주변 사람들과 공유해야 한다. 처음에는 귀 기울여주지 않을 수도 있다. 되돌아오지 않는 메아리가 되어 그냥 허공에서 흩어지고 사라져버릴 수도 있다. 그러나 포기하지 않고 자신이 가진 신념을 전파하고 같이 일하는 사람들을 설득해간다면 나와 생각을 같이하는 이들이 하나둘씩 나타날 것이다. 우선 귀 기울여주는 이들이 생겨날 것이고 그다음엔 같이 행동에 나설 이들이 생겨날 것이다. 처음에는 나의 작은 외침이었지만 그 외침이 포기하지 않는 일관된 목소리가 되는 순간 모두의 가슴을 움직이게 하는 신념으로 변하게 되는 것이다. "하려는 자는 길을 찾고 포기하려는 자는 핑계를 찾는다"라는 말을 명심하면 좋을 듯하다.

6장

피드백의 힘

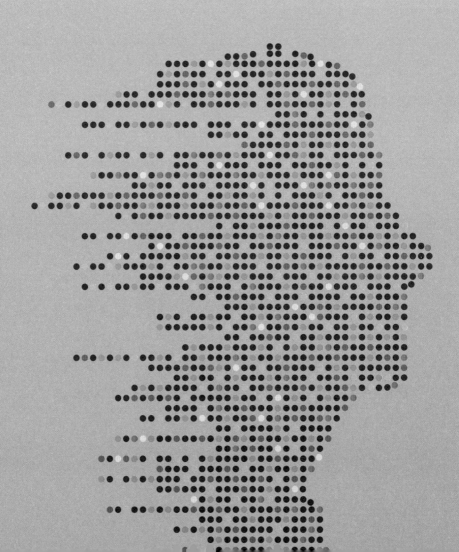

21
무식할수록
용감하다

Question

대형 외식 업체에서 근무하고 있다. 각각 개별적인 점포이긴 하지만 수백 개의 체인점이 모두 하나의 브랜드를 사용하고 있다. 그러다 보니 다른 점포에서 일어난 불미스러운 일도 모두의 피해가 되곤 한다. 개인이 저지른 사소한 실수에 같은 브랜드를 사용하는 사람들 모두가 큰 피해를 입는 상황이 종종 발생하곤 한다. 공동의 브랜드를 사용하고 있는 점장들에게 도움이 될 만한 어드바이스를 주면 좋겠다.

조직 경영이라는 영역에는 여러 가지가 포함되어 있다. 예를 들면, 제조 · 연구 · 마케팅 · 회계 · 인사와 같은 직무 분야다. 그중 가장 대치되는 영역에 있는 분야가 마케팅과 인사, 회계라고 생각한다. 마케팅은 돈을 벌기 위해서 판을 벌여 일을 만들어나가야 하는 직무다. 반면에 회계나 인사는 조직의 기반을 다지는 입장에 있다 보니 함부로 일을 벌일 수가 없다. 안정적 기반 구축을 위해 일을 다지는 관점에 서야 한다.

그러다 보니 인사 · 회계는 가급적 리스크 매니지먼트에 신경 써야 했다. 사건 사고가 발생하지 않도록 주의를 기울이고 그런 관점에서 인사는 조직 설계나 직원 교육에 신경 써온 것이다. 위의 질문에도 담겨있지만 마케팅이나 영업 라인에 있는 사람들은 '우선 일을 벌여놓고보자'는 심리가 강하다. 그러다 보니 고객과의 사이에 다소 불미스러운 일도 생기는 것이 사실이다. 이런 일이 발생하지 않도록 예방 교육에 철저히 임하는 것이 리더의 주요 미션에 들어간다. 질문의 기업 같은 경우는 리스크 예방을 위한 현장 전파 교육이 업무의 1순위가 되어야 할 것이다.

관련하여 모두에게 널리 알려진 유명한 사건 하나를 소개해보고자 한다. 워낙 사회적으로 큰 파장을 불러일으킨 대형 사건이라 다들 알고 있을 것으로 생각한다. 2013년에 발생한 A유업의 '대리점주 막말 사건'이 그 주인공이다. 혹시나 모르는 분들을 위해 잠깐 사건의 전말을 소개하면 이렇다.

30대 초반의 영업사원이 50대 후반의 대리점주에게 전화를 걸어 입에 담지 못할 욕설을 퍼부으면서 제품 매입을 독촉한 사건이다. "지금 재고가 너무 많아서 힘들다. 시간을 좀 달라"는 대리점주의 요청에 "팔아서 물건 매입하는 대리점이 몇 개나 된다고 그렇게 엄살이냐? 빚을 내서라도 할당된 물건은 지금 다 가져가라"라는 말로 시작된 욕설이 10여 분간 이어진다. 여러 번 이런 전화에 시달렸던 대리점주가 이번에는 녹음을 했고, 그 녹음 파일이 뉴스에 방영되면서 A유업은 반사회적 기업이 되어 전국적인 불매운동을 맞게 된다.

여기서 A유업이 어떤 기업인지 한번 살펴보도록 하겠다. 1964년에 설립된 A유업은 설립 당시만 하더라도 우유 생산이 목적이었다. 하지만 그 시장은 이미 다른 기업이 선점하고 있었고, 그래서 다른 사업 영역을 개척하여 선발 주자의 길을 걷기로 결심하게 된다. 바로 분유 시장이다. 당시에는 미군 부대에서 나오는 분유가 일부 유통되던 시절로서 국내에는 분유를 생산하는 기업이 없었다. 그래서 분유 시장의 선구자가 되기로 결심하게 된 것이다. 1967년의 일이었다.

전국 우량아 선발대회

분유를 대중적으로 알리기 위해 벌인 캠페인이 '전국 우량아 선발대회'다. 생후 1년 정도 아이들의 키와 몸무게를 측정하고 피부를 관찰해서 우량아를 선발한다. 그런데 이 캠페인이 유명해진 이유는 선발된 아이에게 제공되는 특혜 때문이 아니었다. MBC-TV가 선발 과정을 풀 버전으로 주말 황금시간대에 방송했기 때문이다. 선발된 아이의 부모가 뉴스에도 나오고 하면서 대중적 인지도가 올라간 것이다. 당연히 이런 대중적 인기는 A유업의 인지도 향상에도 지대한 공헌을 하게 된다. 바로 이 대회를 만들고 필요한 모든 경비를 후원한 회사가 A유업이었기 때문이다.

그리고 A유업은 1991년 업계 최초로 떠먹는 요구르트를 생산한다. 그때까지만 해도 요구르트는 마시는 것이어서 떠먹는다는 개념이 없었다. 새로운 개념을 만들어낸 것이다. 그리고 이들은 2015년 '백미당'이라는 고급 아이스크림 가게를 론칭한다. '배스킨라빈스'가 고급 아이스크림 시장의 거의 대부분을 석권하던 시절이었다. '담백한 아이스크림'이라는 이미지로 또 하나의 새로운 시장을 만들어낸 것이다. 참고로 '백미당'의 아래에 조그맣게 표시된 1964는 A유업의 설립 연도다. 하지만 '백미당'이 대놓고 A유업의 브랜드라고 말하지 못하는 데는 이유가 있다. 2013년에 있었던 A유업 불매운동 때문에 소비자 인식이 좋지 않아 드러내놓고 A유업의 제품이라는 말을 못 하기 때문이다.

'백미당'도 공전의 히트를 치게 된다. 유명 백화점에만 입점해 있음에도 불구하고 입소문은 빠르게 퍼져서 입구에는 사람들이 줄을 서서 기다려야 했다. 이렇듯 A유업은 마케팅의 힘으로 비약적인 발전을 거듭해 오고 있다. 그러나 앞서가는 마케팅 능력만큼 가치관이나 사명감에 대한 의식이 강하게 구축되어 있지 않다 보니 대형 사건들이 계속해서 발생한다. 내부 조직이 공고히 다져지지 못한 상태에서 매출 구조의 확장만 일어나다 보니 그 간극의 차로 인해 균열이 발생하는 것이다. 2013년의 '막말 사건'에 이어 2019년에는 '비방 댓글 사건'이 터진다. 내용은 이렇다.

A유업이 홍보대행사를 동원해 회원 280만 명이 가입한 맘카페에 "B유업의 우유 성분이 의심된다", "우유에서 쇠 맛이 난다", "우유가 생산된 목장 근처에 원전이 있다" 등 경쟁사의 제품을 비방하는 글과 댓글을 수십 차례 올렸다는 것이다. B유업은 내용이 비슷한 글이 반복적으로 올라오는 것을 수상히 여겨 2019년 4월 경찰에 수사를 의뢰했다. 경찰의 조사 과정에서 홍보대행사와 A유업이 수면 위로 올라오게 되고 경찰은 홍보대행사를 압수 수색해 해당 글을 게시한 아이디 50개를 확보하게 된다. 그리고 마침내 A유업이 홍보대행사에 돈을 주고 이 작업을 지시한 것도 확인하게 된다.

이렇게 장황하게 A유업의 히스토리를 소개한 이유가 있다. 보시는 바와 같이 A유업은 영업이나 마케팅 관점에서 보면 천부적인 능력을 가지고 있는 듯해 보인다. 시장이 무얼 필요로 하는지도 알고, 그걸 어떻게 홍보해야 하는지도 알고, 또 어떻게 팔아야 하는지도 너무나 잘 아는 회사다. 그런데 한 가지 결여된 것이 있어 보인다. '흑묘백묘黑猫白猫'가 조직 전체를 너무 강하게 지배하고 있다는 점이다.

그렇다면 왜 이런 일이 일어난 것일까? 그건 바로 조직을 이끄는 리더들이 조직의 영적인 관점, 즉 구성원들의 정신세계를 무시했기 때문이다. 무엇이 올바르고 무엇이 정당한지를 알려주는 것이 얼마나 중요한지를 몰랐던 것이다. 아니 엄밀히 말하면, 알고 있고 충분히 잘 전달했다는 착각 속에 있었다는 말이 맞을 것이다. 왜냐하면 그들은 스스로를 모든 것이 완벽한 능력자라는 자가당착에 빠져 지냈으니까. 자신들의 능력이 너무 뛰어나서 모든 것이 잘 돌아가고 있다는 착각 때문에 생긴 현상이다.

어느 기업이고 공공의 이익을 배제하거나 선한 경제활동을 무시하는 기업은 없다. 문제는 이런 것들이 왜 중요한지와 이에 반하는 행동을 했을 경우 어떤 재앙이 발생하는지에 대해 받아들이는 무게감이 다르다는 것이다. 무능한 리더는 앞으로 치고 나가는 것만 생각한다. '개척'이나 '확장' 이런 단어를 무척이나 좋아한다. 여기서 이룬 성공 체험으로 인해 자신이 능력자라고 생각한다. 반면, 유능한 리더는 확장을 의미하는 리離와 함께 조직의 기반을 다지는 수守도 똑같이 중요하다고 생각한다. 앞서가는 성장세에 부정이나 부패가 생겨나지 않도록 조직 다지기에 심혈을 기울여야한다는 의미이다.

무능한 리더가 보이는 자기 착각을 가리켜 미국 미시간 대학의 데이비드 더닝David Dunning 교수는 '자가당착 현상'이라고 말했다. 그는 논문 *Unskilled and Unware of It: How Difficulties in Recognizing One's Incompetence Lead to Inflated Self-Assessments(1999)*에서 "실질적인 지식이나 능력이 낮을수록 자

가당착에 빠지는 현상이 강하다"라고 말했다. 잠시 그의 연구 논문을 살펴보도록 하자.

연구 방법 더닝 교수의 연구진은 65명의 코넬 대학(실험 당시 더닝 교수는 코넬대에 재직하고 있었다) 학부생들을 대상으로 유머 능력, 논리력, 추리력과 관련된 약 20가지 분야의 시험을 치르게 했다. 그리고 실험에 참가한 학생들에게 자신의 예상 성적 순위를 제출하도록 했다.

연구 결과 그 결과, 실제 성적이 높은 학생군은 자신의 성적을 낮게 매겼고 성적이 낮은 학생군은 자신의 예상 순위를 높게 매기는 경향이 있음을 발견했다. 즉, 자신이 실제 가지고 있던 능력이나 지식이 적을수록 자신의 능력을 과대평가하는 현상이 있었던 것이다. 능력이 뛰어나다는 착각 때문에 개선을 위한 특별한 노력도 상대적으로 적게 한다는 사실도 알아냈다. 그리고 뭔가를 시도하려는 의지나 생각에 있어서도 자신을 낮춰서 생각하는 이에 비교해 낮다는 사실도 알아냈다. 개선을 위해 노력할 필요성을 느끼지 못하는 것이다.

시사점 여기서 나온 용어가 '더닝 크루거 효과'이다. 이 용어는 객관적으로 능력이 처지는 사람들이 능력이 뛰어난 이들보다 자신의 능력을 과신하는 경향이 있음을 나타내는 의미로 쓰이고 있다.

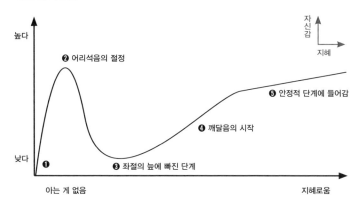

더닝 크루거 효과

A유업의 리더들이 바로 여기에 속하는 것이다. 아무리 좋은 브랜드를 론칭하고 세상에 없는 제품을 만들면 무엇 하겠는가? 영혼 없는 직원과 부정부패에 무감각한 직원들이 생기고 있는데⋯. 이렇게 직원의 비도덕적 행동은 성공 가도를 달려온 A기업의 이미지에 심각한 타격을 입혔다. 그런데 그보다 더 큰 여파가 있다. A기업에서 일하는 수천 명의 동료들이 '선하지 못한 기업'의 직원으로 낙인찍혀 버렸다는 사실이다. 이건 정말 중대한 일이다. 한 개인의 일탈 행위가 수천 명의 명예를 더럽힌 꼴이 된 것이니까. 누구에게 책임이 있을까?

흑묘백묘 찬양론
주변에 더닝 크루거 현상에 사로잡힌 리더가 한 분 있다. 영업에서 20년을 넘게 지내온 베테랑 세일즈맨인데 "검은 고양이든 흰 고양이든 쥐만 잘 잡으면 된다"라는 일명 '흑묘백묘론'의 찬양론자다. 그분은 어느 중견 제약회사의 영업본부장으로 일하고 있다.

그의 이런 사고와 철학은 그 회사의 영업부에도 그대로 전이되어 있다. 영업에 관한 한 단일 대오를 이루며 일사분란하게 움직이는 모습은 흡사 전투에 임하는 최강의 전투 부대를 연상하게 한다. 덕분에 이 회사의 매출은 그가 영입되어온 후로 7년간 가파르게 성장했다. 매출이 거의 30배 가까이 올랐으니 회사에서도 영웅으로 추대받으며 승승장구 고위 임원까지 바로 직행하게 된 것이다.

문제는 이런 성장세에 맞추어 조직을 제대로 정비하지 못했다는 것에 있다. 한쪽에서 치고 나가면 한쪽에서는 다지는 역할을 해야 하는데 다지는 기능이 제대로 작동하지 못하다 보니 균형의 추가 깨진 것이다. 이렇게 '흑묘백묘'를 주장하는 사람도 있고, '수파리'를 주장하는 사람도 있어야 한다. '수파리守破離'란, 멀리 치고 나가는 '리' 이전에 있는 곳을 다지는 '수'가 먼저 선행되어야 한다는 뜻의 경영학 용어다. 한번 생각을 해보자. 모두가 수단과 방법을 가리지 않고 파는 일에만 몰두한다면 조직이 어찌 돌아가겠는가? 도덕과 윤리가 사라진 자리에 남는 것은 부정과 부패뿐이다. 일종의 균형이 있어야 한다.

A유업이 그랬다. 영업사원들이 거래처에 리베이트를 주기 시작한 것이다. 회사에서 워낙 판매 실적에만 집착하다 보니 어떤 방

식으로 판매했는가는 중요하게 여기지 않게 된 것이다. 무조건 많은 매출을 기록한 사람만 승진하고 우대를 받으니 너도나도 판매 실적에만 목매게 된 것이다. 자기 돈으로 리베이트를 주는 사람들이 늘어나기 시작했다. 결국 임계점에 다다른 영업부의 모 대리가 늘어나는 빚을 감당하지 못해 스스로 자살을 시도하는 사건이 발생한다. 다행히 생명에는 지장이 없어 조용히 일단락되면서, 세상에 알려지지 않은 사건으로 끝났다고 한다.

그렇다면 어떻게 더닝 크루거 현상에 사로잡힌 사람들을 정신 차리게 할 수 있을까? 가장 효과적인 방법은 피드백이다. 위에 있는 상사를 바라보는 부하 직원들의 생각이 그대로 전해지면 개선 가능성이 높아진다. 문제는 상사에 대한 피드백이 사적인 감정이나 거부감 없이 자연스럽게 위로 올라가게 하는 시스템을 만들어주는 방법에 있다. 더닝 크루거 현상에 사로잡힌 사람일수록 아래로부터의 피드백을 못 견딜 것이기 때문이다. '감히 나한테 개선을 요구하다니!' 이런 생각을 갖고 있는 사람들이 많을 텐데 이들에게 '너무 일방적이라 주변에서 불만이 많다'고 말하면 되레 화를 낼 것이다. 때문에 조금씩 피드백 문화를 정착시켜가는 것이 좋다.

끝으로 질문을 주신 분에 대한 답변이다. 유능한 점장은 이런 사실도 염두에 두면서 점포를 운영하고 있다. 문제는 무능한 점장 때문에 일어난다. 그래서 심각하게 받아들여야 한다. 혹시나 이런 의식이 제대로 전파되지 않아서 생길 수도 있는 '나비 효과'에 대해서 말이다. 무능한 리더가 사회적으로 지탄을 받을 만한 사건을 일으켰다고 치자. 그 영향은 어디까지 미칠까? 물론 해당 기업의 이미지도 큰 타격을 받을 것이다. 그러나 그보다도 더 심각하게 생각해야 할 점은 같이 일하는 동료들이 받게 될 사회의 따가운 시선이다.

대표적인 사례가 지난 10월에 발생한 타이어뱅크 광주상무점에서 있었던 고객 차량 파손 사건일 것이다. 광주상무점 점장의 일탈적 행위 때문에 성실하게 일하고 있는 수만 명의 평범한 직원들이 아직도 고개를 들고 다니지 못하고 있다. 그들이 무슨 죄가 있단 말인가? 조직의 리더들이 절박한 사명감으로 직원들의 의식 전환에 임해야 하는 이유일 것이다.

22
세대가 다르면
생각도 다르다

Question

의료 장비를 만드는 제조회사로서, 서울에는 일부 직원들만 상주하고 있고 생산 라인을 포함한 대부분의 직원은 지방 공장에 거주하고 있다. 코로나 때문에 모두가 힘든 시기를 보내는 동안에도 우리는 바쁜 일상을 보내고 있다. 직원들 사기 진작을 위해서 사내 이벤트를 계획한 적이 있는데, 나잇대가 있는 경영진과 젊은 직원들 사이에서 상당히 곤욕을 치른 적이 있다. 세대 간 격차를 줄일 수 있는 좋은 방법이 없나?

갈수록 세대 간의 갈등이나 인식 차가 심하게 벌어져가고 있음을 나도 많이 느낀다. 같은 회사에 근무하고 있다고 해도 연령대에 따라 다른 세대의 생각이나 가치관을 이해하지 못하는 사람들이 있는가 하면 심지어 노골적으로 불만의 목소리를 내는 경우도 적지 않다. 나고 자란 환경이 다르고 시대가 다르니 생각의 기준도 다를 수밖에 없는 건 당연할진데 왜 이렇게 반목과 대립이 심하게 일어나는 걸까? 이런 현상이 사회에서만 일어나는 것도 아니다. 세대 간의 갈등이 주는 안타까움은 가정에서도 심심치 않게 생기고는 한다. 믿었던 아들의 다른 모습을 보고 큰 상실감을 느낀 어느 사장님의 일화를 먼저 소개한다.

수년 전 영화 〈국제시장〉이 개봉될 즈음의 일이다. 하루는 내가 존경하는 고객사 사장님이 이런 말을 하신 적이 있다. "신 소장, 혹시 〈국제시장〉이라는 영화 보았나요? 영화가 너무 감동적이라 우리 큰애한테 가서 좀 보고 오라고 했더니 뭐라는 줄 아시오? 보수는 불리하면 반공 교육이라고 하면서 며느리 손을 잡고 자기 집으로 가버리는데, 어쩌나 기가 막히던지!" 그러면서 눈가에 고인 눈물이 보이는데, 듣는 내내 마음이 참 좋지가 않았다.

이야기의 흐름을 위해 영화 〈국제시장〉의 스토리를 요약해본다. 〈국제시장〉은 2014년 개봉한 윤제균 감독의 장편영화다. 1950년 한국전쟁으로 덕수의 다섯 식구는 함경도 흥남부두로 피난을 가다가 전쟁 통에 아버지, 어린 여동생과 예기치 못한 생이별을 맞는다. 아버지를 대신해 가족의 생계를 책임지게 된 덕수는 남동생의 대학 등록금을 벌기 위해 독일에 광부로 떠나고, 그곳에서 지금의 평생의 동반자인 영자를 만난다. 그리고 덕수는 선장이 되고 싶었던 오랜 꿈을 접고 가족을 위해 한창 전쟁 중인 베트남으로 건너간다.

당시는 최순실 사태로 촛불집회가 한참이었던 시절이었다. 사실은 위의 그 사장님과 그분의 아들 사이에 심한 이념 갈등이 있었는데 그걸 드러내지 않았던 모양이다. 정치 이야기는 하지 않는 암묵적 룰 때문에 〈국제시장〉이라는 영화에 대한 이야기가 나오기 전까진 서로가 같은 편일 거라고 생각했다고 한다. 그런데 촛불 정국을 거치면서 대통령 탄핵 집회를 바라보는 서로의 입장이 정반대라는 걸 확인했다. 부자지간이 이념적으로도 통했다고 생각했는데 그게 아니었던 것이다.

영화 이야기가 나온 김에 관련된 에피소드를 하나 더 소개하겠다. 개봉 후 사회적 반향을 불러일으킨 〈82년생 김지영〉에 관련된 이야기다. 어느 회사의 부서원들이 부서 단합대회를 겸해서 영화를 보러 갔다고 한다. 영화 관람 후 식사까지 모든 비용을 회사가 지원해주었는데 이전에도 가끔 이런 식으로 다 같이 문화생활을 즐겼다고 한다.

아무 생각 없이 영화를 보고 나오는데, 부서장이 이런 말을 했다고 한다. "아니 뭐 저런 말도 안 되는 영화를 만들어서 괜히 사회적인 위화감만 조성하고 난리야! 너희들은 저 스토리가 말이 된다고 생각해?" 하면서 직원들 얼굴을 쳐다보는데, 그 모습이 어찌나 가증스럽던지 저런 사람하고 같이 일한다는 것이 너무 창피스럽다는 생각이 들었다고 했다. 이야기를 꺼낸 지인이 말하기를 그 부서장은 그동안 자신이 열렬한 페미니스트라고 말하면서 입만 열면 여직원들의 복지와 처우개선을 주장하던 사람이었기 때문이다. 참고로 이 이야기를 들려준 이는 82년 출생의 여성분이다.

여기서 영화 〈82년생 김지영〉의 스토리도 잠시 소개하는 것이 좋겠다. 2016년 10월 출간된 조남주 작가의 장편 소설을 원작으로 한 영화로, 서른네 살의 경력단절 여성인 주인공 김지영의 삶을 통해 한국 사회의 여성들이 맞닥뜨린 차별과 불평등 문제를 고발하고 있다. 소설은 1982년 서울에서 태어난 김지영이 대학을 졸업하고 홍보대행사에서 근무하다 서른한 살에 결혼하여 딸을 낳아 키우는 과정을 따라간다. 그 시기의 각종 통계와 자료를 제시하면서 한국 사회 여성들의 보편적 삶을 보여주었다는 평을 받고 있다.

〈국제시장〉의 이야기를 들려준 사장님이나 〈82년생 김지영〉의 소재를 제공해준 부서장이나 모두 자신의 경험에서 얻은 기준으로 세상을 살아가고 있다. 나를 포함하여 많은 분이 과거의 사적인 경험에서 벗어나지 못하고 모든 것을 판단하고 있는 것이 사실이다. 소위 'Latte Is Horse'라는 말이 있다. "나 때는 말이야"로 시작하는 경험은 변해버린 세대의 전혀 다른 사고를 담기에는 역부족인 듯해 보인다.

나라고 해서 윗세대인 베이비붐 세대나 아랫세대인 Y세대의 생각의 틀을 모두 이해하지는 못한다. 특히 20대 후반, 30대 초반의 젊은 직장인들의 생각은 정말 이해하기 힘들 때가 한두 번이 아니다. X세대인 나도 이럴진데, 베이비붐 세대인 60대는 더 큰 혼란을 겪고 있을 것이다. 이런 고민을 하고 있던 터에 세대 간 인식의 차이를 엿볼 수 있는 유익한 논문 하나를 발견했다.

베이비붐 세대, X세대, Y세대

벨기에 뢰번가톨릭 대학의 야니크 반 로셈[Annick van Rossem] 교수는 *Introducing a cognitive approach in research about generational differences: the case of motivation(2019)*라는 제목의 연구논문에서 세대별 인식의 차이를 아래와 같이 설명했다. 세대별 정의는 학자들이 일반적인 규정으로 여기고 있는 베이비붐 세대(일명 BB세대로 1946~1964년생), X세대(1965~1979년생), Y세대(1980~2000년생)의 방식을 따랐다.

연구 방법 연구진은 벨기에에 거주하는 82명의 성인을 모집했다. 이를 BB세대 24명, X세대 22명, Y세대 36명으로 구성하여 그들이 조직에서 느끼는 동기 부여에 대한 인식의 차이를 알아보기로 했다. 총 15개의 요인 중에 참가자들이 공통적으로 인지하고 있는 12개 요소를 추출하여 레퍼토리 격자 기법#repertory grid technique, RGT#을 활용한 1:1 정밀 인터뷰 방식으로 조사가 진행되었다.

연구 결과 1 일의 의미

Y세대에게 '일의 의미'란 '다양한 업무'의 수행을 의미했다. 단어와 단어 사이의 거리감을 나타내는 ED$^{Euclidean\ distance}$지수에 있어서 BB세대는 '사회적 접촉'이란 단어가 0.4로 가장 가까이 있었다. X세대의 경우는 '자율'이란 단어가 0.5로 가장 가까운 ED지수를 보여주었으며, Y세대에게는 '다양한 업무'가 0.6으로서 일의 의미에 가장 가까운 위치에 있었다.

연구 결과 2 훈련과 육성

BB세대(5.8)나 Y세대(3.2)는 훈련과 육성을 업무와 관련된 것보다는 개인적 관점으로 인식하는 경향이 강했다. 반면, X세대(3.7)는 업무와 관련된 것으로 인식하는 경향이 강했다. 훈련과 육성에 가장 가까운 단어로 X세대는 '자율수행'이라는 단어를 꼽았으며 두 단어의 ED 지수는 1.0에 불과하였다. 반면, BB세대나 Y세대는 훈련과 육성을 계발이나 성장으로 인식하였고 두 단어의 ED지수는 BB세대 0.7, Y세대 0.8로 나타났다.

연구 결과 3 자유

자유라는 단어에 대한 해석에서는 세대별로 약간의 인식 차이가 있음이 발견되었다. Y세대는 이 단어를 '취미 활동'이나 '업무 해방'과 같은 개념으로 인식하고 있었다. 자유에 대한 단어를 '워라밸'로 인식하는 경향에서도 BB세대 3.8, X세대 4.2, Y세대 5.4으로 Y세대가 가장 높은 수치를 보여주었다.

연구 결과 4 SNS 활동

Y세대는 일과 시간에 SNS 활동을 하는 것을 자연스럽게 생각하고 있었다. Y세대에게 있어서 SNS 활동과 가장 가까운 위치에 있는 단어가 '인정'이라는 점을 감안할 때, Y세대는 SNS 활동을 조직에서 인정받는 행위의 하나로 여기는 경향이 있음이 드러났다. 'SNS 활동'과 '인정'의 세대별 ED지수는 BB세대 3.3, X세대 3.5, Y세대 2.8로 나타났다. 개별 인터뷰에서 Y세대는 일과 시간 중의 SNS 활동을 조직으로부터 신뢰나 인정을 받고 있는 증거 중의 하나라고 말했다.

연구 결과 5 피드백

'피드백'의 평균 지수는 세대별로 BB세대 3.2, X세대 6.7, Y세대 2.5로 나타났다. 높은 수치는 피드백을 공적인 관점에서 바라보고 있음을 말하며, 낮은 수치는 사적 관점에서 바라보고 있음을 나타낸다. 이런 점을 감안할 때, X세대는 피드백을 공적인 관점에서

BB세대나 Y세대는 사적 관점에서 바라보는 인식의 차가 있음을 알 수가 있다.

　연구 결과를 전체적으로 정리해본다. X세대는 훈련과 육성을 매우 중요한 조직 활동의 하나로 인식하고 있었다. 반면, BB세대는 훈련과 육성에 그다지 관심을 두지 않았는데 이는 그들의 나이가 영향을 미치고 있는 것으로 보였다. 일의 의미와 관련해서

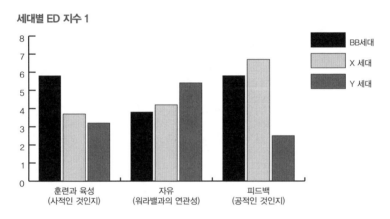

세대별 ED 지수 1

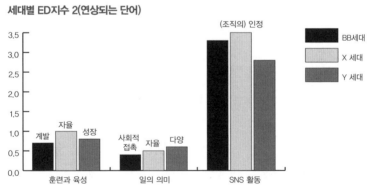

세대별 ED지수 2(연상되는 단어)

BB세대는 사회적 관계성과 일의 의미를 가장 중요하게 생각하고 있었다. 그리고 X세대는 간섭이나 규제를 받지 않고 일할 때 일의 의미를 가장 크게 느끼고 있다고 할 수 있다. Y세대는 다양한 업무의 수행에서 일의 의미를 느끼고 있었으며, 조직 생활을 함에 있어서 재미나 즐거움을 가장 중요한 항목으로 간주하고 있었다.

솔직함은 세대를 관통한다

직장은 어느 한 세대의 전유물이 아니다. BB세대, X세대, Y세대라는 30~50년의 시간적 격차를 가지고 있는 사람들이 어우러져 생활하는 곳이다. 살아온 시대적 환경과 지역적 환경이 각기 다르다. 성장하며 형성된 가치관이나 성격도 자연히 다를 수밖에 없다. 세대 간의 차이를 이해하고 받아들이는 사고가 중요하다. 서로 다른 세대의 내적 커뮤니케이션이 무엇보다 중요한 시기로 접어든 것이다. 그런데 여기서 중요한 포인트가 하나 있다. 솔직한 태도로 동료를 대해야 한다는 것이다. 내가 BB세대이든, X세대이든, Y세대이든 세대를 불문하고 같이 일하는 동료에게는 최대한 솔직해야 한다.

솔직한 조직 문화를 만드는 데 도움이 되는 두 가지 도구를 소개하고자 한다. 하나는 솔직한 자기소개 카드이고, 나머지 하나는 인디언 지팡이다. 특히나 신입사원 소개의 자리에서 이 도구를 써보기를 권장한다. 그들에게 기존 선배들의 자연스러운 모습도 보여주면서 그들이 자란 배경에 대해 조금이나마 알고자 노력하는 자세는 솔직한 분위기를 조성하는 데 큰 도움이 되기 때문이다.

아래의 카드를 신입사원이 들어온 부서나 팀에서 많이 활용해 보았는데, 항상 좋은 효과를 보았다.

구글이 처음 입사하는 직원들에게 요구하는 것은
단 한 가지라고 합니다.

"Radical Candor"
'최대한 솔직하게 동료를 대하라'

우리는 많은 어려움을 극복해가야 합니다.
그러기 위해서는 서로 간의 팀워크가 절대적으로 중요합니다.
동료에 대한 애정을 높이기 위해서는
동료에 대해 좀 더 깊은 이해가 필요합니다.

카드를 보여주면서 1. 지금까지의 성장 배경, 2. 살면서 가장 행복했던 시절과 힘들었던 시절, 3. 이곳에서 이루고 싶은 자신의 꿈, 4. 최종적으로 이루고 싶은 인생의 꿈. 이 네 가지 주제를 놓고 팀 내 모든 멤버를 2인 1조로 구성했다. 그리고 짝이 된 파트너의 이야기를 다른 멤버들에게 하게끔 했다. 내가 나의 이야기를 하는 것보다 두 배, 세 배로 반응이 좋았다. 누구든 남이 자기 이야기를 들어주는 것을 좋아하고, 존중받기를 바라는 심리를 이용한 것이다. 기존 동료들 사이의 거리를 훨씬 가깝게 만드는 장점도 있지만, 더욱 효과적이었던 건 신입 직원들로 하여금 새로운 무리 속에서 바로 마음의 문을 열게 만든다는 사실이다. 그리고 이어지는 신입사원 회식은 공감과 재미가 붙어서 더욱 즐거워진다.

두 번째 도구는 인디언 지팡이다. 인디언들은 상대방의 생각을 절대 무시하지 않는다고 한다. 모두의 생각을 듣기 위해 부족회의 때 반드시 준비해두는 게 바로 인디언 지팡이다. 추장은 이 지팡이를 의견 발표가 적었던 사람에게 건네준다. 이 지팡이를 받은 사람은 들어오는 질문에 성심성의껏 답변해야 하는 의무가 주어진다. 누구 하나라도 소홀히 다루어져서는 안 된다는 취지에서 시작되었다고 한다. 그래서인지 인디언 부족 내에는 다툼이 없다고 한다. 문구점에 가면 인디언 지팡이라고 부르는, 손에 잡히는 작은 지팡이가 있다. 구매해서 팀의 회의 문화에 한번 적용해보기 바란다. 효과가 있을 것이다.

23
피드백의 창구가
다양해야 한다

Question

우리 회사의 경영진은 부부다. 학교 선후배로 만나 부부가 되었고, 지금은 회사의 대표와 부대표를 맡고 있다. 가족 경영은 이견이 없이 단합된 힘을 보여줄 수 있다는 장점이 있다. 그러나 누군가가 낸 의견에 다른 목소리를 내기 힘들다는 단점도 있다. 얼마 전, 지금의 경영 체계에 대해 개선점은 없는지 대표가 질문을 해왔다. 어떻게 답변하면 좋을까?

오래전에 있었던 어떤 사건 하나가 생각났다. 내가 삼성동 포스코 사거리역 근처의 회사에서 일하고 있을 때였다. 지하철역은 선릉역을 이용하고, 선릉역에서 내려 삼성역 방향으로 한참을 걸어가야 했다. 언젠가부터 눈에 띄는 횟집 하나가 보였다. 20대 중반으로 보이는 젊은 커플이 가게를 운영하는데 그 모양새가 조금 이상해서 궁금증을 자아내게 만들었다. 홀에서 서빙을 하는 여자가 주방을 바라보는 표정이 참 특이했다. 뭐랄까… 음, 사랑하는 사람의 얼굴을 쳐다보는 눈빛이 느껴진다고 해야 할까? 서빙을 하면서도 미소를 머금고 몇 번이고 회를 뜨는 남자의 얼굴을 쳐다본다. 여자를 쳐다보는 남자의 눈빛도 다르지 않았다.

그러던 어느 날, 이런 일이 있었다. 직장 동료와 이곳을 방문했을 때의 일이다.

"모둠회 하나만 주세요~ 저녁 늦게까지 이렇게 장사를 하시려면 많이 힘드시겠어요?"

"아버지가 하시던 건데요, 몸이 편찮으셔서 제가 맡아서 하고 있어요."

"그런데 두 분 혹시 부부세요? 너무 다정해 보여서요."

"예~ 오빠랑 떨어져 있지 않으려고 온종일 이렇게 같이 다녀요."

여자가 이렇게 대답했다. 사랑에 빠지면 아무것도 보이지 않는다는 말이 생각났다.

그리고 나서 한 달 정도 시간이 흘렀다. 하루는 우리 직원이 급하게 내 자리로 달려오면서 말했다.

"사장님, 요 옆에 젊은 부부가 운영하는 횟집 있잖아요."

"그래, 알아. 그 횟집이 어쨌는데?"

"사장님이 그러셨잖아요, 오래 못 갈 것 같다고. 정말 망해서 나간 건지는 모르겠는데 가게 집기가 다 빠지고 없어요. 텅 비었어요! 정말 망해서 나간 것 같아요. 그런데 사장님은 어찌 아셨어요? 오래 못 갈지를….."

"내가 언제 그런 말을 했냐? 그냥 부부 사이 금슬이 너무 좋아 보인다고만 했지!"

나중에 횟집 바로 옆에 붙어있는 분식집 사장님에게 물어보니 장사가 너무 안 돼서 그만두고 나갔다고 한다. 내가 무슨 점쟁이도 아니고 그 집이 잘되고 못될 것을 어찌 알았겠는가? 나는 단지 손님이 있거나 말거나 틈만 나면 서로 얼굴을 쳐다보며 가끔씩 애정 행각을 이어가는 그 사장님 내외분이 너무 철이 없는 것 같다는 말을 한 것뿐이다. 부부가 금슬이 좋은 것은 좋은 일이다. 하지만 장사를 하는 동안에는 장사에 집중해야 하는데, 너무 사이가 좋다 보니 사업을 하는 마음가짐에 필요한 견제와 균형이 깨져버린 것이 문제라고 생각한다.

구글 카나리아팀의 역할

견제와 균형이라는 주제와 관련하여 기업 강사들에게 널리 애용되고 있는 유명한 경영 사례가 있다. 바로 그 유명한 세계적 기업 구글에서 2007년도에 있었던 일이다. 구글의 인사 담당 최고 책임자 라즐로 복^{Laszlo Bock}은 해마다 실시하는 인사 고과 시기를 바쁜 12월을 피해 3월로 옮기기로 결정을 했다. 결정을 하기에 앞서 라즐로는 인사팀 멤버들에게 의견을 물어보았고, HR부서에 있는 멤버들은 라즐로의 아이디어에 적극적으로 찬성한다는 의견을 보냈다고 한다. 부서 최고 책임자의 의견을 무시하기가 쉽지 않았을 뿐만 아니라 그들의 입장에서 보아도 3월로 이동하는 것이 편했기 때문이다. 아무튼 자신의 결정에 대해 확신을 얻은 라즐로는 고과 시기의 변동에 대한 결정을 일반 직원들에게 공지하기에 앞서 하루 전날 관리자들에게 먼저 공지를 했다. 그러자 난리가 났다. 관리자들이 들고일어난 것이다. 여기저기서 현장 상황을 모르는 결정이라며 항의성 전화와 이메일이 인사부서로 쇄도하기 시작했다. 결국, 라즐로의 인사팀은 새롭게 의견을 수렴하기로 결정했고, 그 결과 고과 시기를 10월로 앞당기기로 결정을 내린다.

왜 이런 소동이 벌어졌던 것일까? 이유는 관리자들에게서 의견을 받기 전, 라즐로의 팀은 생각이 비슷한 사람들에게서 새 아이디어에 찬성한다는 의견만 수집했기 때문이다. 집단사고에 매몰되어 반대 의견이 나오지 않았던 것이 문제였다. "그 일을 겪고 나서는 주변에 있는 사람들의 의견도 중요하지만 다양한 루트를 통하여 멀리 있는 사람들의 의견도 청취할 필요가 있다는 사실을 깨닫게 되었다"라고 라즐로 복은 자신의 저서《구글의 아침은 자유가 시작된다》에서 당시의 상황을 술회했다.

그 일이 있고 나서 구글은 반론자들의 의견을 수렴할 수 있는 창구를 만들기 위하여 '카나리아팀'을 만들어서 운영하기 시작한다. 그들은 사내에서 다양한 시각을 대변하는 신뢰받는 엔지니어들로서 험악한 분위기에도 잘 대처하고 기꺼이 자기 생각을 말할 수 있는 평판을 얻고 있는 사람들로 구성되었다. 구글의 인사부서는 정책적으로 중요한 변화를 도입할 때, 우선 카나리아팀에 의견을 구한다고 한다. 카나리아팀은 구글의 각종 현황에 대해 직원들의 의견을 수렴하는 필수적인 존재가 되었고, 인사팀은 이렇게 카나리아팀에 미리 자문을 구함으로써 가장 불만의 목소리가 컸던 사람들을 '조직의 가장 강력한 대변자'로 만드는 부수적 효과도 얻게 되었다고 한다.

조직 생활과 밀접한 관계를 가지고 있는 고과(평가)도 마찬가지다. 대부분의 회사에서 이용하고 있는 인사고과 제도의 양식은 상사 평가다. 대부분 피고과자에 대해 위에 있는 상사—1차 고과와 2차 고과라는 이름의 팀장, 본부장—가 평가를 한다. 그런데 우리나라 직장인의 대부분은 이렇게 해서 결정된 고과에 대해 의구심을 표시한다. 공정성에 있어서 신뢰가 가지 않는다고 말하는 사람들이 많은데, 이유는 한 사람의 주관적인 생각은 정확도가 떨어지기 때문이라는 것이다.

아래의 도표를 한번 봐주면 좋겠다. 당사에 등록된 회원들을 대상으로 지난봄에 설문 조사한 데이터다. 원래의 취지는 등급 평가 급여에 이르는 인사 제도의 현안에 대한 직장인들의 의견을 물어보기 위해 설계된 질문인데, 메인 질문이 끝나고 마지막에 다음의 4개의 질문을 넣어보았다. 참고로 2,800명을 대상으로 한 설문이었으며 1,090명이 회답해주었고, 그중에서 유효한 응답은 921명이다.

Q1. 귀사의 승진자 선정에 있어서 현재 가장 중요하게 여기고 있는 것은 무엇입니까?
(복수 응답)

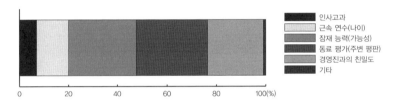

Q1. 승진자 선정에 있어서 앞으로 중요하게 여겨야 할 것은 무엇이라고 생각하십니까?
(복수 응답)

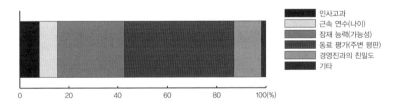

우선 우리나라 기업의 대다수가 승진자 선정에 있어서 무엇을 중요시 여기는지에 대한 현실을 알 수가 있다. 중요도의 순서는 동료 평가(28.8퍼센트)-잠재 능력(27.6퍼센트)-경영진과의 친밀도

(22.6퍼센트)-근속 연수(13.1퍼센트)-인사고과(6.9퍼센트)의 순으로 나타났다. 역시나 눈에 띄는 대목이 경영진과의 친밀도와 인사고과였다. 경영진과 가까운 사람들이 승진한다고 믿는 사람이 의외로 많았다. 이런 생각의 영향이었을까? 어디를 가든 인사고과에 대한 신뢰가 바닥이었다.

이어지는 질문에서 직장인들의 희망 사항을 엿볼 수 있다. 바람직한 승진 기준을 물어보는 질문에 대해 동료 평가(44.2퍼센트)-잠재 능력(27.4퍼센트)-경영진과의 친밀도(11.1퍼센트)-인사고과(7.9퍼센트)-근속 연수(7.5퍼센트)의 답이 나왔다. 여기서는 눈에 띄는 대목이 동료 평가가 거의 절반에 가깝다는 사실이다. '같이 일하는 동료가 제일 정확하게 안다'는 내용을 가지고 강의도 여러 번 했을 정도로 이 부분은 나도 평소에 줄기차게 주장하고 있는

Q3. 귀사는 리더(관리자)의 역량과 능력을 현재 어떤 제도로 측정하고 있습니까?

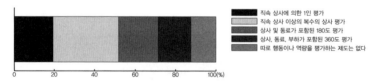

■ 직속 상사에 의한 1인 평가
■ 직속 상사 이상의 복수의 상사 평가
■ 상사 및 동료가 포함된 180도 평가
■ 상사, 동료, 부하가 포함된 360도 평가
■ 따로 행동이나 역량을 평가하는 제도는 없다

Q4. 리더(관리자)의 역량과 능력을 앞으로 어떤 제도에 의해 평가를 받는 것이 효과적이라 생각하십니까?

■ 직속 상사에 의한 1인 평가
■ 직속 상사 이상의 복수의 상사 평가
■ 상사 및 동료가 포함된 180도 평가
■ 상사, 동료, 부하가 포함된 360도 평가
■ 따로 행동이나 역량을 평가하는 제도는 없다

부분이기도 하다.

　다음은 리더의 역량 평가에 대한 질문이다. 현재의 리더 역량에 대한 평가를 물어보는 질문에는 복수의 상사 평가(32.3퍼센트)–상사 및 동료 평가(19.6퍼센트)–직속 상사 평가(19.4퍼센트)–상사 · 동료 · 부하 평가(16.3퍼센트)의 순으로서 대부분은 상사들에 의한 1, 2차 고과 방식을 진행하고 있다는 사실을 확인할 수 있었다. 그러나 바람직한 평가 방식을 물어보는 질문에는 상사 · 동료 · 부하로 구성된 360도 평가(46.4퍼센트)가 압도적이다.

성격이 다른 부부가 잘 사는 이유

위에 소개한 직장인들의 염원처럼 성숙한 조직, 성장하는 조직을 만들기 위해서는 다양한 피드백의 창구를 가지고 있어야 한다. 여러 가지 창구를 통해 올라온 솔직한 의견들이 모여 건전한 조직을 만들어주기 때문이다. 그렇다면 이런 주장이 모든 조직에 통용되는 진리와도 같은 것일까? "이런 주장이 모든 조직에 들어맞는 건 아니다. 비즈니스 모델에 따라 다르다"라는 연구 결과가 있어 소개하고자 한다.

　'피드백 창구의 다양성이 성과와 창의적 행동에 미치는 영향에 대하여 Why seeking feedback from diverse sources may not be sufficient for stimulating creativity'(2017)라는 제목으로 네덜란드 암스테르담 대학의 로이 시에폼Roy B. L. Sijbom 교수가 발표한 논문이다.

연구 방법 1 연구진은 벨기에 소재의 7개 컨설팅펌에서 일하고 있는 1,044명의 직장인들을 대상으로 성과와 피드백의 상관관계를 알아보는 설문 조사를 실시했다. 그들은 피드백 창구의 다양성이 종업원들의 창의적 행동 및 성과에 어떤 영향을 미치는지 알아보기로 하고 각 회사의 협조를 얻어 질문지를 발송했다.

연구 방법 2 연구진은 추가로 벨기에 소재의 대형 병원에 근무하는 181명의 병원 종사자들을 대상으로 피드백 창구의 다양성이 그들의 창의적 행동에 미치는 영향을 알아보기로 했다. 비록 병원 근무자들이 창의적 업무에 종사한다고 말하긴 어렵다 할지라도, 창의적 사고는 필요하다고 생각했기 때문이다. 병원에서 필요한 각종 행정 업무(스케줄 관리, 건강관리, 수술 변경, 환자 정보 관리)에도 창의적 사고는 중요한 역할을 하고 있다는 판단에 따라 다수의 병원 종사자들을 연구 대상으로 선정한 것이다.

연구 결과 1 근무 형태는 창의적 성과에 큰 영향을 미쳤다. 정규직의 형태일수록 창의적 행동이 많이 나타났으며, 계약직일수록 단순 반복적 행동이 많은 것으로 드러났다. 또한 피드백 창구가 다양할수록 창의적 행동이 많이 일어나는 것으로 나타났다. 구체적으로는 성과 창출의 역학 관계가 단순한 집단은 피드백 창구의 다양성이 창의적 행동과 큰 관계성이 없었다. 그러나 성과 창출의 역학 관계가 복잡한 집단의 경우는 피드백 창구의 다양성이 적으면 창의적 행동도 적게 나왔고, 피드백 창구가 많으면 많을수록 창의적 행동의 양도 증가하는 것으로 나타났다.

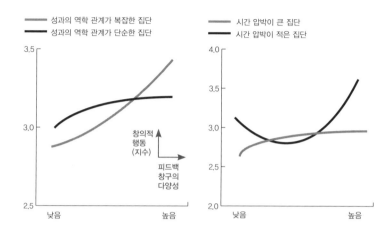

연구 결과 2 학력 수준이 낮을수록 시간 압박을 많이 받는 것으로 나타났으며 피드백의 숫자는 피드백 창구의 다양성과 비례관계에 있음이 드러났다. 그런데 여기서는 한 가지 특이한 점이 발견되었다. 시간 압박이 낮은 집단과 높은 집단 간에 큰 차이를 보인 것이다. 시간 압박이 적은 집단은 피드백 창구가 거의 없거나 아주 많은 경우에는 창의적 행동의 눈에 띄게 늘어났다. 반면, 시간 압박이 높은 집단의 경우는 피드백 창구의 다양성이 크게 영향을 미치지 않았다. 그들의 창의적 사고나 행동은 항상 낮은 수준을 유지했다. 흔히 시간에 쫓기게 되면 새로운 생각을 하기 힘들다고 하는데, 일리 있는 말이라는 생각이 드는 대목이다.

이상의 연구 결과는 우리에게 실패의 확률을 줄이고 성장하는 조직을 만들기 위해서는 다양한 의견을 들을 필요가 있음을 강조하고 있다. 특히 우리 조직이 안고 있는 약점과 단점 그리고 개선점에 대해서 벽이 없는 의견을 들을 수 있어야 한다. 그런데 이런 기회는 저절로 찾아오지 않는다. 피드백의 창구를 늘리고자 하는 의도적인 노력이 없이는 불가능하다. 이런 노력의 결과가 성과로 이어지고, 창의적 사고로 이어지는 것이라는 사실을 위의 연구가 말해주고 있다.

여기에 더해 나와 다른 입장에 있는 사람들의 의견을 들으려는 노력도 중요하다. 글의 서두에서 식당 주인 부부가 오래가지 못할 것이라고 예측한 이유는 "성격이 다른 부부가 잘 산다"라는 〈하버드 비즈니스 리뷰[HBR]〉의 연구 자료를 기억하고 있었기 때문이다. 그런데 희한하게도 주변을 보면 그런 현상이 보인다. 성격이 같은 부부는 하는 행동이 같아서 '모 아니면 도'의 극과 극을 달리는 경우가 많고, 성격이 다른 부부는 항상 적당한 선에서 중도를 지키는 듯한 느낌이다. 아마도 '견제와 균형'이 조화를 이루기 때문일 것이다.

24
타인의 실패가
더 큰 도움이 된다

Question

가정에서 쓰는 전기·전자 제품을 만드는 제조회사의 기술연구소에 다닌다.
우리는 신제품 개발과 관련하여 몇 개의 팀이 각자의 영역에 대한 기술 개발을
담당하고 있다. 최근 개발한 제품의 불량률이 잇따라 높게 나오면서 팀원들의
사기가 많이 꺾여 있는 상황이다. "실패는 성공의 어머니"라는 믿음을 주고 싶
은데 어떻게 전파하는 것이 효과적일지 힌트를 주면 좋겠다.

무에서 유를 창조한다는 것은 정말 어려운 일이다. 그래서 R&D 활동은 개인적으로 정말 대단한 작업이라고 생각한다. 우선은 존경을 표하면서 위대한 발명품에 대해 사람들이 가지고 있는 오해들을 풀고 난 후에 본론으로 넘어가고자 한다.

첫 번째 오해, 위대한 발명품의 대부분은 어느 날 갑자기 생겨나지 않았다는 것이다. 아무리 위대한 발명품도 갑자기 세상에 나온 경우는 거의 없다. 수십 번, 수천 번의 노력 끝에 비로소 빛을 보는 경우가 태반이다. 그리고 좋은 아이디어라 해도 처음부터 좋지는 않다. 다른 사람들이 만들어놓은 생각들과 충돌하고 부딪히면서 좋아지게 되는 것이다. 충돌하면서 다듬어지고 정교해지는 과정을 거친 후에 사람들이 탄성을 내뱉는 훌륭한 완성품이 되는 것이다.

우선 천재성으로 알려진 위대한 위인의 대부분이 사실은 천재적 재능보다는 꾸준한 노력의 대가인 경우가 많다. 근대 문명이 폭발적으로 성장한 20세기, 인류의 문화 발전에 가장 큰 영향력을 끼친 위대한 발명가로 사람들은 토머스 에디슨Thomas Edison을 가장 많이 입에 올린다. 에디슨의 이름 앞에는 항상 '천재'라는 수식어가 따라다닌다. 예를 들면, 천재 발명가 토머스 에디슨 등과 같은 수식어다. 그러나 알고 보면 에디슨이 사람들에게 인정받은 발명품은 극히 소수에 불과하다. 수천, 수만 개의 크고 작은 발명품들 중에 겨우 소수만이 세상에 나와 있을 뿐이다.

에디슨은 1847년 미국 오하이오 주 밀란에서 태어났다. 집안이

가난하여 12세 때부터 철도와 관련된 일에 종사했고 20세가 되기 전에는 주로 승객들을 대상으로 한 판매업에 종사했다. 그 후로는 전신 기술을 연마하여 미국과 캐나다의 주요 도시에서 전신수로 일하게 된다. 전신수로 일하는 동안 '전기학'에 눈을 뜨게 되었고 이는 훗날 에디슨이 전기 관련 연구에 몰두하는 계기가 된다.

전기학을 공부하고 10년이라는 시간이 흐른다. 그동안 에디슨은 전구, 축음기, 탄소 접점 방식을 이용한 전화기를 발명한다. 그 후 100여 개의 특허를 출원했는데, 그중에는 스텐실 펜, 과일 저장법, 철광 채굴을 위한 자석 이용법, 게다가 말하는 인형까지 포함되어 있다. 에디슨은 일생 동안 1,093개에 이르는 특허를 낸다. 에디슨은 자신의 자서전에서 회고하기를 1,093개의 특허를 등록하기 위해 시도한 실험의 숫자가 무려 1만 건에 이른다고 했다. 그러면서 "천재는 1퍼센트의 영감과 99퍼센트의 땀이다"라는 유명한 말을 남긴다.

《창의적 사고》로 유명한 미국 스탠퍼드 대학의 로버트 서튼[Robert Sutton] 교수는 "독창적인 생각을 하는 사람들은 변형하거나, 더는 발전할 여지가 없거나, 완전히 실패작인 아이디어를 많이 생각해 낸다. 하지만 이는 결코 헛수고가 아니다. 그만큼 재료로 삼을 아이디어의 숫자가 쌓이기 때문이다"라고 말했다. 위대한 사람들의 성공의 비법이 그가 쌓아놓은 축적된 양에 있다고 보고 있는 것이다. 그것도 보통의 양이 아닌 상상을 초월하는 엄청난 숫자의 양 말이다.

창의는 서로 다른 것들이 충돌한 결과물

창의는 이런 엄청난 양의 재료들이 서도 부딪혀서 나온 결과물이다. 타인의 것들을 유심히 관찰하고 내가 가진 재료들과 비교하고, 단점은 버리고 장점은 받아들이고 하면서 새로운 아이디어가 싹트는 것이라고 전문가들은 말한다. 이런 의견을 과학적으로 검증한 이가 있다. 이선기 교수는 서로 다른 충돌에 의해서 새로운 아이디어가 늘어난다는 점을 강조하고 싶어서 이 연구를 했다고 한다. 잠시 그의 연구 결과를 소개한다.

미국 카네기멜론 대학의 이선기 교수가 한국의 한 전자상거래 회사가 사무실을 옮기는 과정을 지켜보면서 밝혀낸 사실이다. 회사는 사무실을 이전하면서 모든 팀을 한곳에 넣고 싶어 했지만 공간의 제약 때문에 중앙 현관을 중심으로 아홉 팀은 개방된 한곳에, 세 팀은 다른 공간에 배치했다고 한다. 두 공간은 실내장식, 조명, 장비, 작업실까지의 거리, 경영진과의 근접성 등에서 똑같았고 옛 사무실 환경과도 매우 비슷했다.

이 교수는 MD 60명이 사무실을 이전하기 이전 120일과 이후 80일, 총 200일 동안 체결한 3만 8,435건의 거래를 살펴보았다. 그랬더니 더 많은 팀이 모인 공간에서 일하는 MD들이 사무실을 옮기기 전 모든 MD들이 맺은 계약보다 평균 25퍼센트 더 많은 신규 업체 거래를 따낸 것으로 밝혀졌다. 그런데 실적이 늘어난 이유는 협업 때문이 아니었다. 직원들의 업무에 질적인 변화가 생겼기 때문이었다.

사무 공간의 변경 전과 변경 후의 계약 건수의 변화

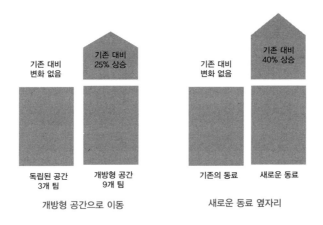

기존 대비   기존 대비
변화 없음   25% 상승

독립된 공간   개방형 공간
3개 팀   9개 팀

개방형 공간으로 이동

기존 대비   기존 대비
변화 없음   40% 상승

기존의 동료   새로운 동료

새로운 동료 옆자리

출처: Why You Should Rotate Office Seating Assignments(March2018 in HBR)

　과거에 효과가 있었던 제안을 단순히 반복하는 '이용'에서 새로운 아이디어를 내는 '탐구'로 바꾸었기 때문에 이런 변화가 일어났다고 이선기 교수는 설명한다. 더 중요한 사실은 잘 모르는 동료와 나란히 앉은 MD의 하루 평균 거래 수익이 사무실을 옮기기 전보다 40퍼센트 더 늘어난 1만 6,510달러를 기록했다는 점이다. 그 이유에 대해 "일단, 전문 분야에서 충분히 배운 다음 새로운 사람과 만나면 창의력이 더 올라가는 경향이 있다. 특히 가까운 거리는 새로운 동료와 신뢰를 쌓고 참신한 지식을 나누도록 촉진한다. 이런 역량이 주어지면 새로운 결합에서 혁신을 일으킬 수 있다"라고 이 교수는 말했다.

　이선기 교수의 연구 대상이 된 그 기업은, "부득이한 환경 때문에 어쩔 수 없이 직원들이 섞이게 되었고 이런 환경은 예상하지 못했던 긍정적 효과를 만들어주었다"라고 말했다. 저자의 원인 분석에 따르면, 직원들은 익숙지 않은 동료들의 대화를 들으며 새로운 아이디어를 떠올렸다고 한다. 옆에 앉은 동료가 사용하고 있는 익숙지 않은 자료를 훔쳐보며 자신이 사용해왔던 제안의 내용을 다른 형태로 꾸며보는 다양한 시도를 해본 것이다. 이렇듯 서로 다른 세상의 만남은 융합을 낳고 더 나아가 창의력을 탄생시키는 데에도 큰 도움을 준다는 것이다.

서로 다른 세상의 만남이 낳는 융합과 창의가 비단 조직 내부에서만 발생하는 것은 아니다. 새로운 사람들과의 만남은 항상 우리에게 또 다른 영감을 주고 우리가 몰랐던 신선한 정보를 제공해준다. 그래서 항상 참석하는 모임에만 가고 항상 만나는 사람만 상대하는 행동은 자기 계발에 별 도움이 되지 못한다고 말하는 것이다. 인간관계의 30퍼센트 정도는 항상 새로운 사람을 만나서 관계를 형성해가는 것이 바람직하고, 그러기 위해서는 의도적으로 새로운 모임에 참석하려는 노력을 해야 한다고 전문가들은 조언을 한다. 상상력은 서로 다른 세상과의 충돌에 의해 일어나기 때문이라는 말도 덧붙였다.

타인의 실패에서 배워라

위대한 발명품에 갖는 두 번째 오해는 '실패는 성공의 어머니'라는 생각이다. 그러나 그건 틀린 말이다. 실패는 성공의 어머니가 아니다. 타인의 실패가 내 성공의 어머니다. "더 나은 발전은 타인의 실패를 보고 그 실패의 원인이 어디에 있었는지를 연구한 사람들이 만들어내는 것이다. 실패는 계속 실패를 만들 뿐이다"라고 주장하는 연구 논문 *Learning from My Success and from Others' Failure: Evidence from Minimally Invasive Cardiac Surgery*(2013)이 있다. 미국 에모리 대학의 다이와스^{Diwas KC} 교수가 발표한 글에서 확인해보자.

연구 방법 연구진은 인공심폐기를 사용하지 않고 심장 수술을 하는 'Off-Pump CABG'의 수술 결과를 가지고 조사해보기로 했다. CABG(Coronary Artery Bypass Grafting)는 관상동맥우회로이식술인데, 협심증으로 인한 흉통을 완화하고 관상동맥 질환으로 인한 사망을 예방하기 위한 수술로서 가장 빈번하게 사용되는 수술법 중 하나라고 한다.

연구진은 기존의 인공심폐기를 사용하던 시술 대신에 인공심폐기를 사용하지 않고 CABG 시술을 할 수 있는 수술법에 주목한다. 이 시술법을 새로이 배운 외과 의사들의 수술 성공률이 시간 경과에 따라 어떻게 변화하는지를 알아보기로 한 것이다. 우선 매사추세츠 병원에 근무하는 경력 10년 이상의 외과 의사(참고로 Off-Pump CABG는 1998년부터 보급되기 시작했다) 71명이 1999년 10월에서 2009년 9월 사이의 120개월에 걸쳐 집도한 6,570건의 수술 중에서 통계가 유효한 6,516건의 수술 데이터를 분석했다.

과거의 성공과 실패가 수술에 미치는 영향

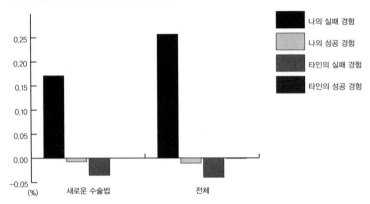

자료: 신병철, 《논백 리더십 전략》, 휴먼큐브(2018)

연구 결과 과거에 실패를 경험한 의사들은 다음번 수술에 실패할 확률이 매우 높다. 새로운 수술에 성공한 의사는 다음번 수술에 성공할 확률이 높다. 다른 의사의 실패를 목격한 의사들의 수술 성공률이 가장 높다. 타인의 성공은 내 성공에 별다른 영향을 미치지 않는다.

전체적으로 보았을 때 과거의 나의 실패는 계속 실패로 이어질 확률이 매우 높다는 사실이 밝혀진다. 다만 새로운 수술법에서의 실패율이 조금 낮게 나왔다. 아마도 새로운 수술법에 있어서는 실패의 경험이 상대적으로 적기 때문일 것이다. 그리고 새로운 수술법에 대해서도 그 횟수가 늘어날수록 실패한 사람은 다시 실패할 확률이 올라간다는 사실도 나왔다. 왜 그럴까?

연구진은 한 가지 흥미로운 사실을 밝혀낸다. 수술에 실패한 의사들이 왜 수술이 잘 이루어지지 않았는지에 대한 자기반성의 시간을 갖지 않는다는 사실에 주목한다. 과제를 수행하고 원하는 결과를 내지 못했을 때 우리는 실패의 원인이 무엇인지에 대한 피드백의 시간을 갖는다. 그 이유는 다시 실수를 반복하지 않기 위해서다. 이런 피드백의 사이클이 없으면 했던 실수를 다시 반복하는 현상이 발생하는데, 의사들은 대부분 그런 피드백의 시간을 갖지 않는다는 것이다.

가장 흥미로운 점은 타인의 실패를 목격한 의사들의 실험 성공률이 높다는 사실이다. 기존의 수술법도 그렇고 새로운 수술법도 마찬가지였다. 남의 실패를 목격하고 '아, 저렇게 하니까 실수를 하는구나!' 하는 일종의 교훈을 얻기 때문이라고 한다. 그리고 이렇게 쌓인 교훈들의 충돌이 일어난다. 내 것과 남의 것이 충돌하면서 제3의 신선한 결과가 나오는 것이다.

결론은 이것이다. 실패의 반복을 막기 위해서는 첫째로 노력의 양을 늘리고, 둘째로 다른 팀에 있는 사람들과 교류할 수 있는 환경을 만들고, 세 번째로 타인의 실패를 유심히 관찰하는 습관을 가져야 한다. 익숙한 방식에서 탈피해서 다른 사람들의 일하는 방식을 관찰할 수 있는 기회를 많이 가져야 한다. 좋은 점은 내 것으로 만들고, 좋지 않은 행동에 있어서는 '혹시 나도 저렇게 하지는 않나' 하는 생각으로 반면교사^{反面教師}의 자세를 갖는다면 분명 좋은 결과를 낳을 것이다. 반복되는 실패에 낙담하고 있는 팀원들에게 전해준다면 모티베이션 증진에 조금은 도움이 될 것이라고 생각한다.

맺는말

지난 10월 23일 사람들의 이목을 집중시킬 만한 뉴스를 볼 수 있었다. 전국 단위의 네트워크를 가지고 있는 타이어뱅크 광주상무점의 점주가 고객이 맡긴 자동차의 휠을 고의로 손상시키는 모습이 그대로 방영된 것이다. 휠과 바퀴를 교체하라는 점주의 지나친 권유에 이상함을 느낀 차주가 차 안의 블랙박스를 들여다보면서 점주의 몹쓸 짓이 드러난 것이다. 점주는 경찰서에서 "매출 압박 때문에 해서는 안 될 일을 하고 말았다"라고 말했다.

이 뉴스를 보면서 한 가지 사건이 머릿속에 떠올랐다. 이 책의 1장 4강에 실려 있는 헬스클럽에서 일어난 에피소드다. 헬스클럽의 직원은 매출 압박에 못 이겨 기존 회원들에게 지나친 혜택을 주면서까지 재가입을 요청했다. 신규 회원은 줄어들고 기존 회원들의 재가입에 의해 단기적으로는 매출이 오르는 듯한 착시 현상이 생긴다. 그러나 시간이 가면서 재가입이 가능한 기존 회원들의 수가 줄어들게 된다. 결국 이 헬스클럽은 문을 닫게 된다.

사장 입장으로 봐서는 비어 있던 오른쪽 주머니에 돈이 들어와서 기분 좋았을 테지만, 이는 왼쪽 주머니에 있던 것이 단지 오른쪽 주머니로 이동한 것에 불과하다. 신규 회원의 유입이 없는 상태에서 왼쪽 주머니의 돈은 점점 줄어들게 되고, 결국 파산에 이르게 된다는 이야기다. 위에서 압박을 가하니까 직원들이 꼼수를 쓴 것이다. 의도는 신규 회원을 늘리라는 것이었는데, 당장 보여 줄 실적을 찾다 보니 얼굴이 익숙한 기존 회원들을 상대로 쉬운 방법을 찾은 것이다.

타이어뱅크 광주상무점의 경우도 이와 다르지 않다. 본사에서 각 지점별 실적을 체크한다. 매출 1위의 점포에서 매출 꼴찌까지의 점포를 주간 단위로 발표하면서 점장들에게 무언의 압력을 가하기 시작한다. 인센티브를 포함한 본사로부터 내려가는 각종 혜택이 실적에 따라 차별이 주어진다. 점주는 불이익을 받지 않기 위해 꼼수를 생각하기에 이른다. 신규 고객을 유치하는 건 너무 어려운 일이다. 방문한 고객으로부터의 이익을 최대화하기로 결심한다. 그래서 나온 아이디어가 '고객의 차를 망가뜨려서 수리비로 이익을 얻겠다'는 황당한 생각이었다.

이 모든 것들이 고전적인 동기부여 이론인 '당근과 채찍'에서 나온 결과다. 지금은 시대가 변했다. 마음이 동하지 않으면 일이 진행되지 않는 시대에 우리는 살고 있다. 현장에서 일하는 사람들이 스스로 자발적인 자유의지에 의해서 움직이게끔 해야 한다. 바로 이 점이 이 책에서 말하고자 하는 전반적인 기류다. 한 사람의 그릇된 행동으로 회사 전체가 사기 집단으로 취급당하고 있는 타이어뱅크를 한번 떠올려보자. 고객을 위해서 진심을 다해 일했던 많은 직원들이 큰 피해를 보고 있다. 그들이 무슨 잘못이 있는가? 그래서 조직은 직원들에게 기술이 아닌 지혜를 심어주어야 한다고 말하는 것이다.

끝으로 이 글이 코로나로 힘든 상황에 있는 사람들에게 조금이나마 희망을 주는 계기가 되면 더할 나위 없이 좋겠다. 동기부여와 관련된 내용이다 보니 책의 어느 부분에서든 본인의 상황에 접목 가능한 힌트가 한두 개는 있을 것이라고 생각한다.

5장의 4강에도 예시를 들었지만, "의욕이 없는 자는 핑계를 대고 의욕이 있는 자는 길을 찾는다"라고 했다. 코로나로 사업이 힘든 분들에게 도움이 되는 자가발전의 힌트가 꼭 실려있기를 소망해본다. "이 또한 지나가리라"라는 문구에 희망을 걸고 다 같이 힘내서 앞으로 나아갔으면 하는 바람이다.

감사의 인사를 드리고 싶은 분들이 있다. GCC의 선후배님들께 감사의 인사를 드린다. 묻지도 따지지도 않고 "뭘 도와줄까?" 하는 그 말 한마디가 항상 감동이었다. 절대 못 잊을 것이다. 그리고 신병철 박사님과 유정식 대표님께도 감사의 말씀을 전한다. 그분들이 전하는 지식의 메시지는 나에게는 항상 분발을 촉진하는 강한 자극을 주기 때문이다. 마지막으로 생태계가 붕괴된 환경 속에서도 고군분투하고 있는 동종 업계(교육 컨설팅 시장은 코로나 영향이 크다)에 있는 전우들에게도 용기와 희망의 메시지를 전하고 싶다. "비바람이 세게 몰아칠수록 뿌리는 더 단단해진다"라는 말이 있다. 같이 힘내서 이 위기를 극복해 가자고 말하고 싶다.

KI신서 9610

자율조직

1판 1쇄 발행 2021년 3월 29일
1판 2쇄 발행 2022년 3월 23일

지은이 신경수
펴낸이 김영곤
펴낸곳 (주)북이십일 21세기북스

정보개발팀 장지윤 강문형
출판마케팅영업본부 본부장 민안기
마케팅팀 배상현 한경화 김신우 이보라
제작팀 이영민 권경민
디자인 놀이터

출판등록 2000년 5월 6일 제406-2003-061호
주소 (10881) 경기도 파주시 회동길 201(문발동)
대표전화 031-955-2100 **팩스** 031-955-2151 **이메일** book21@book21.co.kr

(주)북이십일 경계를 허무는 콘텐츠 리더

21세기북스 채널에서 도서 정보와 다양한 영상자료, 이벤트를 만나세요!
페이스북 facebook.com/jiinpill21 포스트 post.naver.com/21c_editors
인스타그램 instagram.com/jiinpill21 홈페이지 www.book21.com
유튜브 youtube.com/book21pub